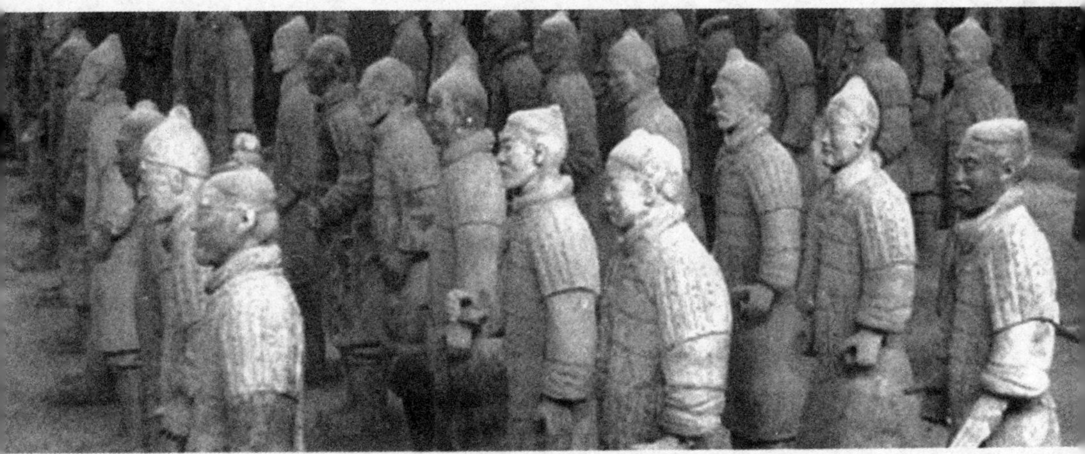

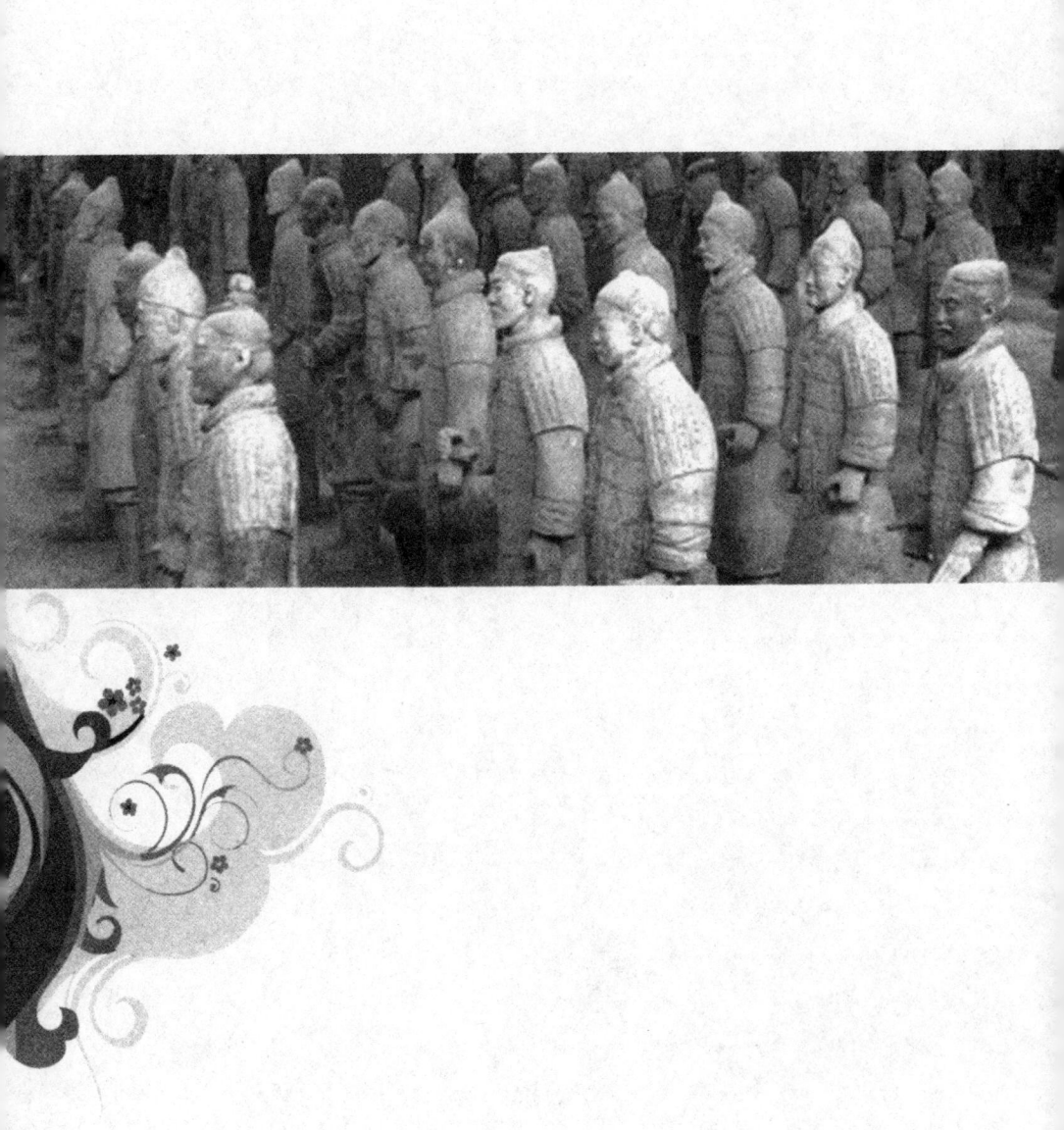

中国文化知识读本

ZHONGGUO WENHUA ZHISHI DUBEN

金开诚 ◎ 主编
彭 博 ◎ 编著

吉林出版集团有限责任公司
吉林文史出版社

秦始皇陵

图书在版编目（CIP）数据

秦始皇陵 / 彭博编著 . —长春：吉林出版集团有限责任公司：吉林文史出版社，2009.12（2022.1重印）
（中国文化知识读本）
ISBN 978-7-5463-1937-7

Ⅰ.①秦… Ⅱ.①彭… Ⅲ.①秦始皇陵－简介 Ⅳ.①K928.76

中国版本图书馆 CIP 数据核字（2009）第 237219 号

秦始皇陵

QINSHIHUANG LING

主编／金开诚　编著／彭博

项目负责／崔博华　责任编辑／曹恒　崔博华
责任校对／梁丹丹　装帧设计／曹恒
出版发行／吉林文史出版社　吉林出版集团有限责任公司
地址／长春市人民大街4646号　邮编／130021
电话／0431-86037503　传真／0431-86037589
印刷／三河市金兆印刷装订有限公司
版次／2009年12月第1版　2022年1月第4次印刷
开本／650mm×960mm　1/16
印张／8　字数／30千
书号／ISBN 978-7-5463-1937-7
定价／34.80元

《中国文化知识读本》编委会

主　任　胡宪武

副主任　马　竞　周殿富　孙鹤娟　董维仁

编　委（按姓氏笔画排列）

于春海　王汝梅　吕庆业　刘　野　李立厚

邴　正　张文东　张晶昱　陈少志　范中华

郑　毅　徐　潜　曹　恒　曹保明　崔　为

崔博华　程舒炜

关于《中国文化知识读本》

　　文化是一种社会现象，是人类物质文明和精神文明有机融合的产物；同时又是一种历史现象，是社会的历史沉积。当今世界，随着经济全球化进程的加快，人们也越来越重视本民族的文化。我们只有加强对本民族文化的继承和创新，才能更好地弘扬民族精神，增强民族凝聚力。历史经验告诉我们，任何一个民族要想屹立于世界民族之林，必须具有自尊、自信、自强的民族意识。文化是维系一个民族生存和发展的强大动力。一个民族的存在依赖文化，文化的解体就是一个民族的消亡。

　　随着我国综合国力的日益强大，广大民众对重塑民族自尊心和自豪感的愿望日益迫切。作为民族大家庭中的一员，将源远流长、博大精深的中国文化继承并传播给广大群众，特别是青年一代，是我们出版人义不容辞的责任。

　　《中国文化知识读本》是由吉林出版集团有限责任公司和吉林文史出版社组织国内知名专家学者编写的一套旨在传播中华五千年优秀传统文化，提高全民文化修养的大型知识读本。该书在深入挖掘和整理中华优秀传统文化成果的同时，结合社会发展，注入了时代精神。书中优美生动的文字、简明通俗的语言、图文并茂的形式，把中国文化中的物态文化、制度文化、行为文化、精神文化等知识要点全面展示给读者。点点滴滴的文化知识仿佛颗颗繁星，组成了灿烂辉煌的中国文化的天穹。

　　希望本书能为弘扬中华五千年优秀传统文化、增强各民族团结、构建社会主义和谐社会尽一份绵薄之力，也坚信我们的中华民族一定能够早日实现伟大复兴！

【目录】

一　千古一帝——秦始皇……001

二　历史的巨作——秦始皇陵……017

三　世界的奇迹——兵马俑……055

四　秦始皇陵与兵马俑未解之谜……099

五　对秦始皇陵和兵马俑的评价……117

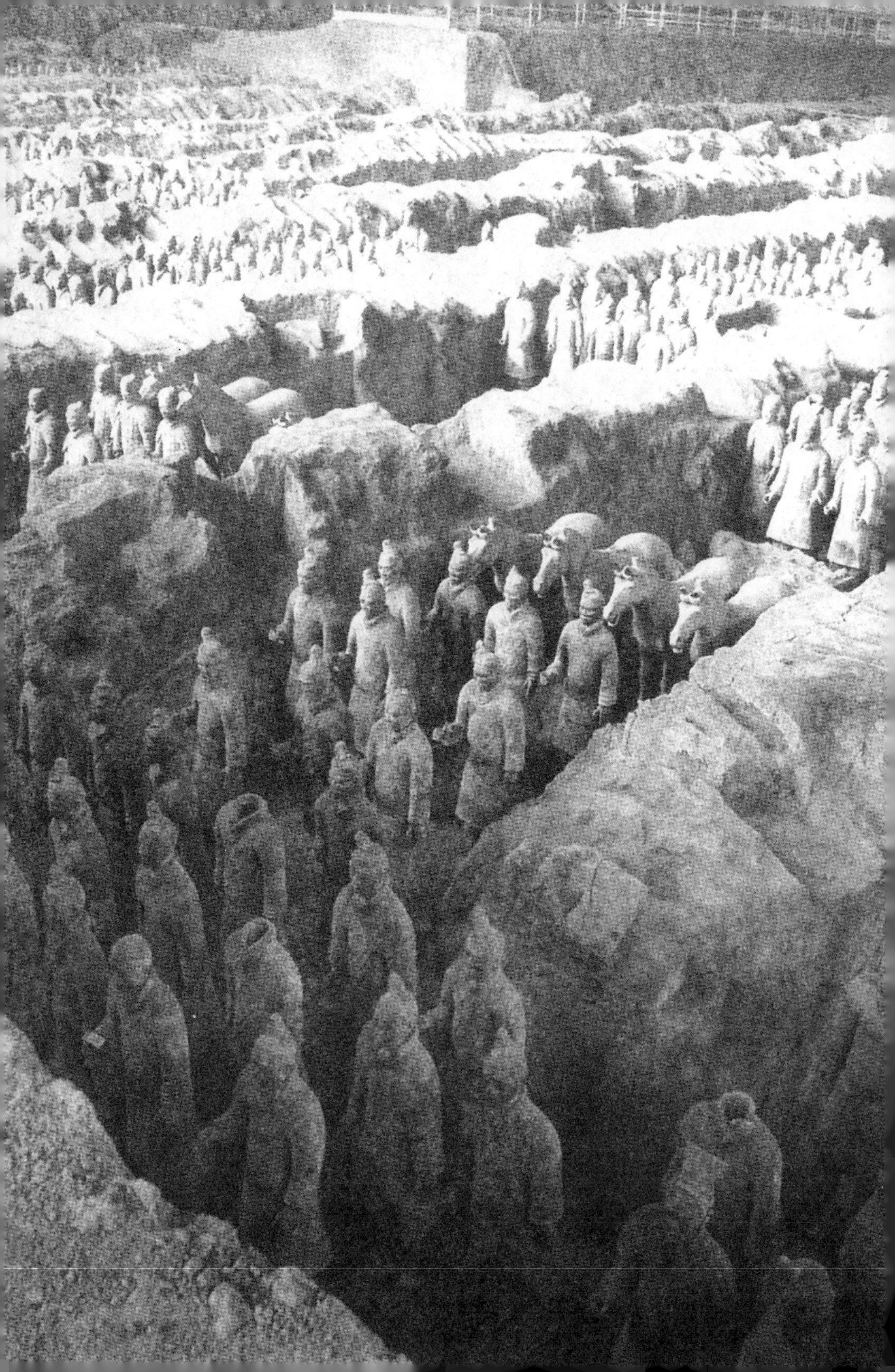

一 千古一帝——秦始皇

千古一帝秦始皇像

（一）千古一帝身世难寻

秦始皇（公元前259年—公元前210年），是中国历史上第一个统一的封建王朝——秦王朝的始皇帝，被后人称为"千古一帝"。因其生在赵国，故名赵政。又因其祖先在伯翳时被赐姓嬴，所以又称嬴政。

在这位千古一帝的身上，笼罩着层层的谜团，关于他的生父是谁，历史上就有两种不同的记载。据《史记·吕不韦列传》中记载：秦始皇的母亲原本是吕不韦的姬妾，吕不韦出于政治目的将已怀孕的赵姬献给秦庄襄王，过了十个月，赵姬生一子为嬴政。这段记载表明秦始皇是吕不韦的私生子。据《史记·秦始皇本纪》中记载："秦始皇帝者，秦庄襄王子也。庄襄王为秦质子于赵，见吕不韦姬，悦而取之，生始皇。"这段记载又说秦始皇是秦庄襄王的儿子。无论秦始皇的生父是何许人，唯一可以肯定的是，秦始皇的生母是吕不韦的姬妾——赵姬。吕不韦认为终有一日可凭借在赵国做人质的秦庄襄王而登上权力的顶峰，

秦始皇是我国第一个统一的封建王朝的始皇帝

秦始皇陪葬兵马俑

于是不仅把自己的姬妾献给了秦庄襄王，还花费千金把他送回秦国，作华阳夫人的儿子，秦庄襄王被立为太子。公元前251年，秦昭襄王去世，孝文王即位，由于年岁已高，不到一年也离开了人世，于是庄襄王名副其实地当上了国君。而吕不韦因有功，也被封为秦国丞相，从一个大商人变成了一个政治家。

（二）登上皇位铲除异己

公元前247年，庄襄王去世，嬴政即位为秦王。其当时年少，国政由相国吕不韦把持，嬴政尊吕不韦为仲父。吕不韦在把持朝政的同时，又私下偷偷地与太后（赵姬）偷情。但吕不韦知道这并非长久之计，秦始皇一天天在长大，早

秦始皇陵一号兵马俑坑

秦始皇建立了中国第一个多民族专制统一的集权制国家

晚有一天会发现自己和太后的奸情，到时自己不仅会丧失已掌控在手中的大权，说不定还性命不保。考虑到这些，吕不韦就想离开赵太后，但又怕赵太后怨恨自己，所以献假宦官女嫪毐给太后，嫪毐假施宫刑，只拔掉胡子就进宫了，不久就和赵太后终日厮混在一起。两人怕秦始皇知道此事，就骗他说太后的寝宫风水不好，应该搬离这里。嬴政信以为真，于是嫪毐和赵太后搬到离嬴政远一些的地方，结果没多久，太后就生下了两个私生子，而假宦官嫪毐亦以王父自居，在太后的帮助下封长信侯，领有山阳、太原等地，自收党羽。嫪毐在雍城长年经营，建立了庞大的势力，是继吕不韦之后又一股强大的政治势力。

　　嫪毐难免小人得志，一次喝醉酒后，他对一个大臣斥责道："我是秦王的假父，你竟敢惹我。"这个大臣听后很生气，于是暗中找机会告诉了秦王政。嫪毐知道后慌了手脚，匆忙之中准备叛乱。

　　公元前238年，秦王政在雍城蕲年宫举行22岁的冠礼。嫪毐动用秦王御玺及太后御玺发动叛乱，攻向蕲年宫。秦王政早已在蕲年宫布置好了三千精兵，将嫪毐的叛军打败。嫪毐见势又转打咸阳宫，那里也早有军队准备，将嫪毐的叛军一网打

秦始皇陵出土的泥塑像

尽。嫪毐见已无胜算，便一个人匆忙地落荒而逃，没过多久就被逮捕了。嬴政将嫪毐五马分尸，曝尸示众；又把母亲赵姬关进雍城的萯阳宫。随后又免除了吕不韦的相职，把吕不韦放逐到巴蜀。秦王政至此掌握了国家的实权，成为名副其实的秦王朝的统治者。

（三）统一中国首称皇帝

秦王政22岁亲政后，加速了秦统一全国的过程。自公元前230年至公元前221年，他采取远交近攻、分化离间的策略，发动了攻灭六国的战争。先后于公元前230年灭韩、公元前228年灭赵、

秦始皇统一全国后，自称为"皇帝"

秦始皇陵兵马俑

公元前225年灭魏、公元前223年灭楚、公元前222年灭燕、公元前221年灭齐。建立了中国历史上第一个统一的多民族的专制主义中央集权制国家——秦帝国，而秦朝也是中国封建制王朝的开始。

秦王政统一全国后，认为自己"德兼三皇，功过五帝"。故自称为"皇帝"。在古代，"皇"有"大"的意思，人们对祖先神和其他一些神明，有时就称"皇"。"帝"是上古人们想象中的主宰万物的最高天神。嬴政将"皇"和"帝"两个字结合起来，说明了他想表示其至高无上的地位和权威，是上天给予的，即"君权神授"；

兵马俑泥塑脸部表情神态各异

另一方面也反映了他并不满足于只做人间统治者,还要当神。秦王政做了中国历史上第一个皇帝,自称"始皇帝"。他又规定:自己死后皇位传给子孙时,后继者沿称二世皇帝、三世皇帝,以至万世。秦始皇梦想皇位永远由他一家传承下去,传之无穷。从此以后,"皇帝"就成为中国国家最高统治者的称谓。

与此同时,秦始皇建立了一套从中央到地方的政治机构:在中央,设丞相、太尉、御史大夫,丞相、太尉、御史大夫以下,是分掌具体政务的诸卿;在地方,废除以往的分封制,改行郡县制。地方行政机构分郡、县两级。郡县主要官吏由中央任免。这样从上而下建立了一套完整的、金字塔式的封建官僚体制。秦始皇通过这套体制，将国家大权紧紧地握在自己的手中。这套中央集权的政权机构，以后也一直被历代王朝所仿效。

除此之外，秦始皇还从社会的各个方面进行全面的统一。统一了文字，统一了货币和度量衡；统一了车轨（轨，即两个车轮间的距离）；端正风俗，建立起了统一的伦理道德和行为规范。

（四）暴虐无道暴死途中

秦始皇在实行巩固统一措施的同时，又干起了种种残暴的事情。如秦灭六国之后，就开始修筑长城，每年征发民夫四十

兵马俑是世界人类文化的宝贵财富

千古一帝——秦始皇

秦始皇陵陪葬坑

余万。在当时生产力极度低下,男人辛勤劳作尚不能果腹,女人纺布都无法蔽体的情况下,征调如此之多的民力去从事非生产性的劳动,造成的结果只能是伏尸遍野、血流成河。"孟姜女哭倒长城"的民间传说,也从一个侧面反映了普通百姓对修筑长城的怨言和对秦的黑暗统治的不满。不仅如此,秦始皇还在全国各地修建了众多的离宫别馆,在统一六国之后,又修建了豪华的阿房宫,最多时用工达七十二万人。

文化方面,由于当时社会上百家争鸣,严重阻碍了秦始皇对征服的原六国民众思想的统一,并威胁到了秦朝的统

秦始皇陵是20世纪最壮观的考古发现

治。于是，秦始皇为了统一原六国人民的思想，于公元前213年开始销毁除秦国以外的所有史书，民间只允许留下有关医药、占卜和种植的书。公元前212年，秦始皇因两个方士私自逃跑且诽谤皇帝，在当时秦首都咸阳将四百六十余名儒士坑杀。这便是历史上所称的"焚书坑儒"，这是对中国文化的一次重大洗劫与摧残。

秦始皇还很迷信。他害怕死，害怕所得到的一切不能永远属于他，于是相信了方士所说的"长生不老"的邪说。派方士到各地为他寻找长生不老之药，耗费了巨大的财力和人力，加深了人民的苦难。因此当时被榨干血汗的老百姓，都诅咒暴君秦始皇不得好死。

公元前210年，始皇外出巡游时在沙丘平台（在今河北省邢台市）逝世。丞相李斯怕皇子们知道皇帝已在外地逝世乘机制造变故，就对此事严守秘密，不发布丧事消息。棺材放置在既密闭又能通风的辒凉车中，让过去受始皇宠幸的宦官做陪乘，每走到适当的地方，就献上饭食，百官像平常一样向皇上奏事。当时正赶上暑天，秦始皇的尸体在辒凉车中发出了臭味，李斯就下令让随从官员往车里装一石有腥臭气的鲍鱼，让人们分不清尸臭和鱼臭。一路行进，最后从直道回到咸阳。皇少子胡

兵马俑手势、脸部表情各有差异

亥继承皇位，为二世皇帝。同年九月，秦始皇被安葬在骊山。

　　这位中国历史上的第一位皇帝，终于结束了他的一生。他所创立下的历史功绩与他的暴虐无道使他成为历史上一个备受争议的人物。同样，他也为后世留下了许多不解的谜团。

兵马俑显示出秦朝的泥塑制作已达到顶峰

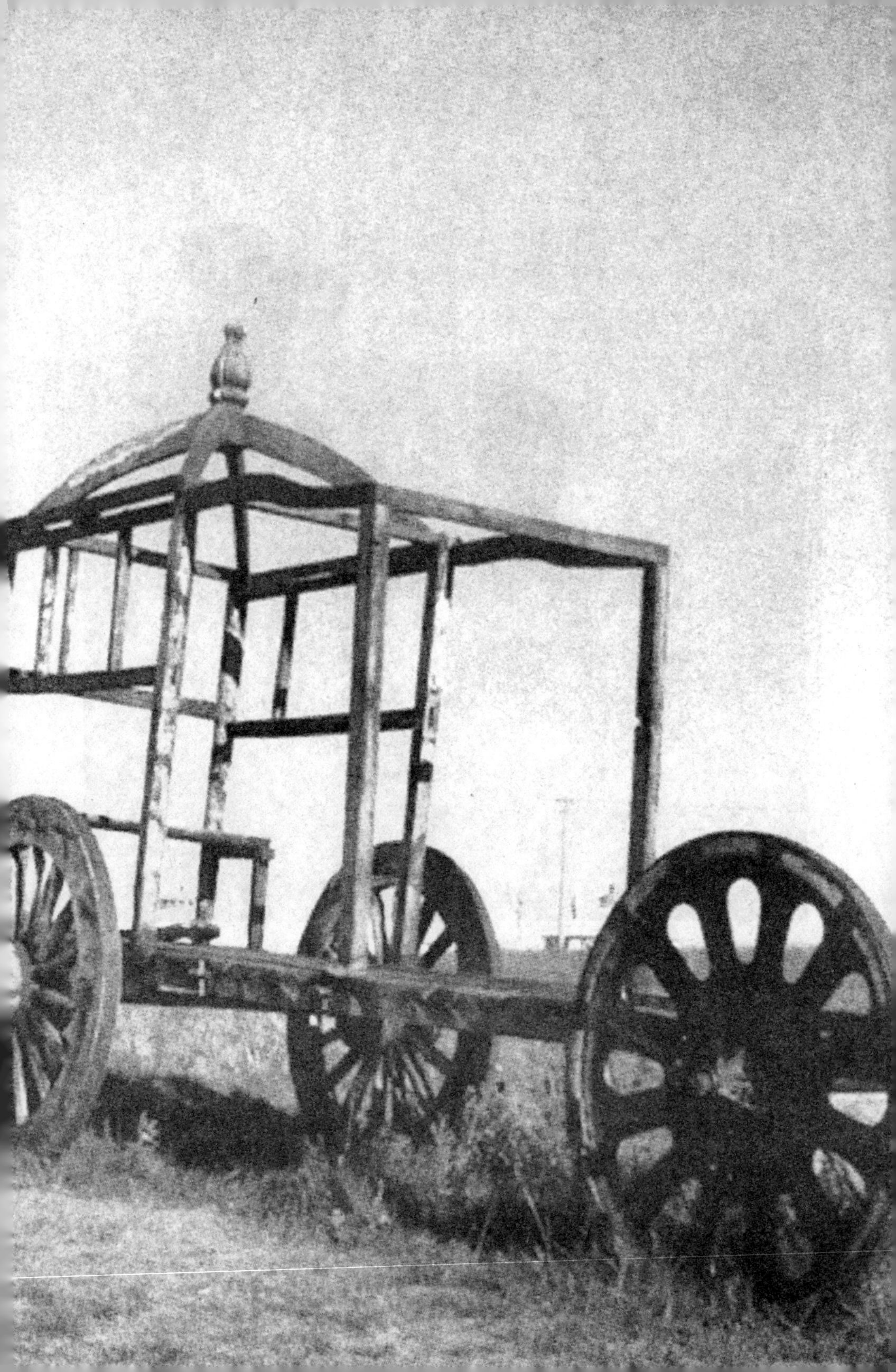

二 历史的巨作——秦始皇陵

明圣宫

（一）为什么是骊山

骊山是秦始皇陵的所在地，在今陕西西安东行20里处，故秦始皇陵又称为"骊山陵"。我们不禁要问，为什么秦始皇要把墓址选在骊山呢？作为一个皇帝，选择自己死后的归属地总该有一定原因吧。

传说中，骊山与秦始皇有着千丝万缕的联系。

秦人虽然崛起于西陲，但有传说讲道：秦人的一位祖先申侯对周孝王说，他们的先人是骊山之女，之所以叫她骊山之女，是因为中国之君在骊山娶亲而生下此女，于是便以母亲的家乡作为女儿的名字，叫

骊山是秦始皇陵所在地

做骊山女。正是因为有了这种枝叶与根的联系，秦人也就从此归了周朝，并开始在这秦川道上繁衍生息。如今的骊山上确有一座骊山老母殿，供奉着相传是殷周之际的骊山之女。

不仅秦朝的祖先与骊山有关，秦始皇本人也与骊山有着一段"情缘"。骊山北麓有温泉，非常有名。传说有一天，秦始皇在骊山遇见了一位美丽的仙女，他顿生歹心，妄图污辱调戏。结果，惹得仙女大怒，便迎面唾了他一口。这一唾不要紧，谁知秦始皇竟因此满脸生起了恶疮，怎么也治不好。不得已，他只好去向仙女赔罪，求取解药。仙女赐给他的药正是这骊山的

秦岭秋日风光

秦始皇陵陪葬了不计其数的兵马俑

温泉。秦始皇赶紧以泉水洗脸，果然痊愈了。从此便在这里建起了骊山汤。将自己的陵寝建在这个地方，是否也希望能与仙女再会呢！

　　传说终归是传说，秦始皇将自己的归宿地选在骊山还是有现实依据的。古代帝王的陵墓都要选在风水俱佳的宝地，选在骊山建陵正是看中了骊山这块风水宝地。

站蹲俑

战国时期风水学说很盛行，风水即古代的堪舆学说。古代的堪舆学认为：风水有好坏之分，选择好的地方，则子孙荫福，否则祸患无穷，即"山环水抱必有大发者"。古代帝陵一般选择在土厚水深之处。秦始皇陵南依骊山，北临渭水，可谓是得天独厚的风水宝地。它处在背依山峰，面临平原的山冲之地，是骊山北坡的大水沟和风

骊山背依山峰、面临渭水，乃风水宝地

王沟之间的开阔地带，位处渭水南岸三级阶地与骊山山地之间的台原上，不但地势较东西高，而且受东西两侧水流的拱卫，是一处极为理想的墓地。郦道元在《水经注·渭水》中曾指出："秦始皇大兴厚葬，营建冢圹于骊戎之山，一名蓝田，其阴多金，其阳多美玉。始皇贪其美名，因而葬焉。"

秦始皇选定骊山应该还有其另一方面的缘故。自古以来，从一个部落，到一个家族，都有自己集中的葬地，而皇族的葬地，往往就在国都的附近。秦从襄公时始立国从西向东依次迁都，秦先公的陵墓也是以都城的迁移地来选择葬地的，襄公葬西垂，文公葬西山，孝公葬西山，武公葬

骊山风光

平阳，德公、宣公、成公葬阳，穆公葬雍，惠文王葬咸阳西北十四里，庄襄王葬芷阳，秦始皇陵在骊山。这些陵墓由东向西大体在一条线上。秦始皇将自己的陵墓选定在距自己的父亲秦庄襄王陵以东二十里处的骊山脚下，不仅符合依山傍水的风水观念，而且也恪守了晚辈居东的礼制。

（二）漫长的皇陵修建

《史记·秦始皇本纪》中记载："始皇初即位，穿治骊山，及并天下，天下徒送诣七十余万人，穿三泉，下铜而致椁，宫观、百官、奇器、珍怪徙藏满之。"根

秦始皇陵的修建是一项浩大的工程

据这段记载可知，从公元前246年秦王嬴政即位，就开始修建陵园，直到秦始皇死时还未修成，前后用了三十八年时间。

修陵的主持人是当时的相邦。吕不韦、李斯都曾主持过这一工程。吕不韦当丞相时主张薄葬，因此秦陵前期的修建规模并不大。秦统一全国后，秦始皇要求大规模地修建秦陵，作为当时丞相的李斯开始主持秦陵的修建。

秦陵的修建有没有设计稿呢？答案是肯定的，帝王的陵墓不可能随随便便地修造，这是中国古代帝王建陵史上的一个规律。根据《吕氏春秋》《汉旧仪》等书记载，秦陵的建造是仿照都城的形制设计的。目前在秦陵园中发现的六百多个陪葬坑、陪葬墓就是按照秦始皇生前的要求建造的。它既有表现军队的兵马俑、表现其车驾巡行的铜车马、车马坑，表现其狩猎的珍禽异兽坑，也有供应膳食的机构，供祭祀的寝殿、便殿及用来养马的马厩坑等。

秦始皇陵的修建是一项浩大的工程，在当时没有机械化的情况下，要修建这样的一个陵墓，需要成千上万的人。据史书记载，建造陵墓动用的劳动力最多时达到七十余万人，这还没有计算为修陵运送粮食的人。动用如此众多的劳力，

古代马车

一定有一套严密的组织管理机构。否则的话，不同的工种，不同的合作单位，如何协调起来、统一步调呢？据传说，在临潼的骊山脚下，有专门指挥上下工的击鼓坪。

秦陵上面高大的封土，是从距离此地2.5公里的鱼池村运来的。为了防止骊山山水冲了陵墓，在陵南建有防水堤。修陵所用的石料是从渭河以北的山上挖取的。有人说是从甘泉山，即今陕西省淳化县境内的山上运来的。修建秦始皇陵所用的石料很多，石材非常巨大，据说大得像一座房子一样。人们传说，在秦陵东南1公里的地方，有一块巨大的像房屋一样的大石头，就是当年修建秦陵时搬运到这里的，后代称之为"伡石"。"伡"就是残忍的意思，也写做"狠"。唐朝时，皇甫湜专门写了一篇文章叫做《伡石铭》。到元朝修灞桥时，这块"伡石"便被工匠凿开，为修桥所用。

秦始皇本人非常关心秦陵的修建情况。公元前210年，李斯向他报告说：我们带了七十万人修筑骊山，已经挖得很深了，连火也点不着了，凿时只听到空空的声音，好像到了地底一样，再也挖不下去了。秦始皇听后命令再向旁边挖三百丈才能停止。可见秦始皇对自己陵墓的修建不

秦始皇陵经多年修建而成

秦始皇陵出土的青铜车马

仅关心,而且要求也很高。

公元前210年,秦始皇第五次出巡,走到沙丘(今河北省邢台市)时得病去世。这时,秦陵工程还没有结束。秦始皇的尸体运回后,埋入骊山陵墓。秦二世命令后宫没有生育子女的宫人全都殉葬,并且活埋了许多修陵的工匠。据说当时殉葬的人很多,《汉书·刘向传》说从死的人接近万人。

秦始皇入葬后,秦陵工程仍在继续。公元前208年,农民起义军攻打到戏水(今陕西临潼东),秦王朝形势岌岌可危。当时负责陵墓工程的少府章邯建议把修陵的人武装起来抵抗农民军,于是秦陵工程草

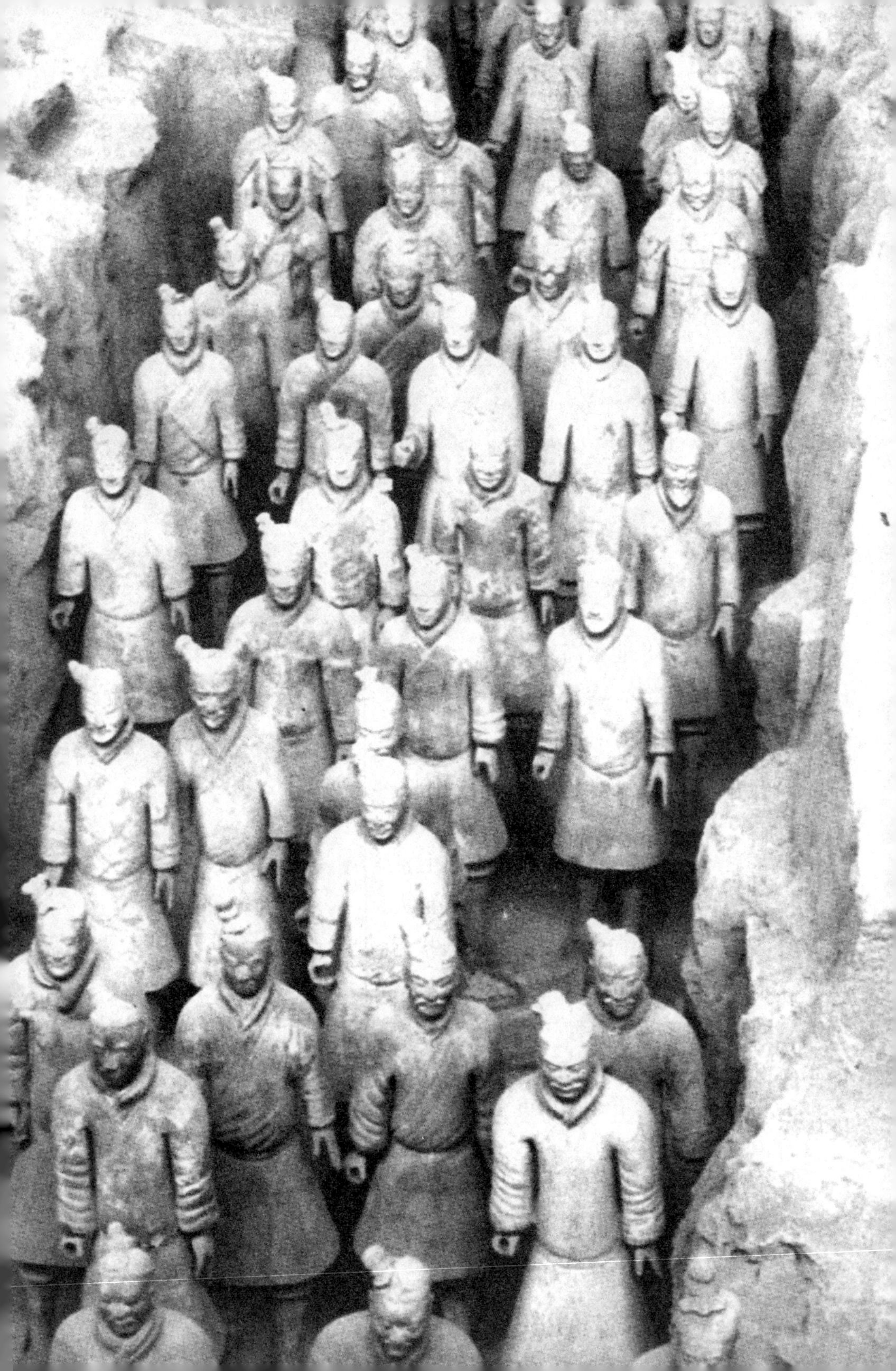

草结束。

从秦王13岁初即位到秦始皇死后两年，秦陵修筑工程一共进行了三十八年。据说当时的封土高达115米。经过两千多年的风雨冲刷，如今从陵前碑底实测高度仅为47.6米。陵园面积56.25平方公里。布局严谨、规模宏大、埋藏丰富的秦始皇陵墓，成为一座驰名中外的帝王陵墓。

秦始皇陵是一座驰名中外的帝王陵墓

（三）骊山园与围墙

骊山园是秦始皇陵墓的山园，也就是后世的陵园。骊山园的范围很大，东自古鱼池水一带，西至姚池头、赵背户、五里沟西边的古河道，南接骊山，北临鱼池安沟一线，纵横各7500米，占地约56平方公里。秦始皇陵雄踞于骊山园的中心位置，陵侧起寝，绕以重城，坐南朝北，枕山面河。丽邑繁兴千万户，驰道车水马龙急，平畴沃野，鱼池如烟，尽收眼底。

陵园有内外两重城垣，形成一个南北走向的"回"字形。由于年代久远，城墙已经坍塌，从地面上很难看到它存在过的踪迹。考古工作者以断崖上暴露的堰基夯层为线索，经过探测，终于得知：内城周长约3800米，外城周长约6200米。内外城四面都辟有城门，每个门上都有

历史的巨作——秦始皇陵

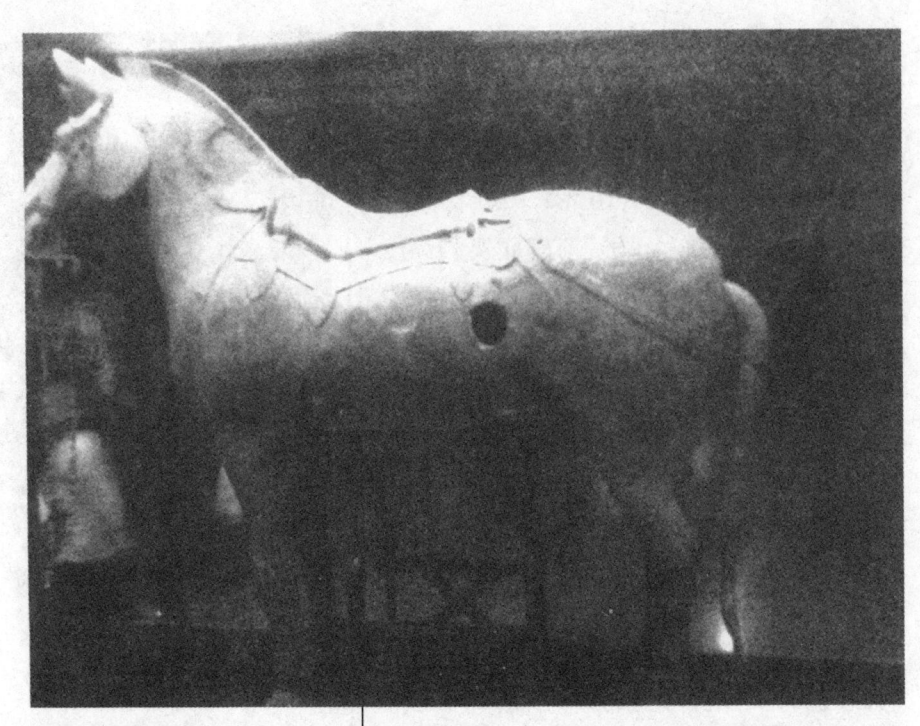

秦始皇陵出土陶马

阙楼建筑，内城的四角亦建有角楼。内城分为南北两区，始皇陵占据南区，坐西面东，陵的北侧是大型寝殿，西侧、南侧都是府藏坑，铜车马坑就在西侧。内城北区是陪葬墓地，北区的西部是密集的便殿建筑群。在内外城之间又有东西南北四区，其中仅在西区可以确知有大型陪葬坑，如马厩坑、珍禽异兽坑，以及寺园吏舍建筑群。外城之外的从葬区域范围最广，如果也以东西南北四区划分，则南区呈鱼脊形地势依连骊山，被称为"五岭"的3000多米防水堤坎残基犹存；北区有因取土筑陵形成的方圆数里的洼地——鱼池，以及大型的宫殿建筑；西区是密集的修陵人墓地及石料、木料加工场等，东区便是大型的兵马俑坑等陪葬坑群。由此看来，秦始皇陵园确实是一个极为庞大而又规划有致的都城式陵园，它的总占地面积如果包括从葬区域，有近60平方公里。这里需要特别说明的是，在帝王陵园设邑管理，邑中有众多的管理与守护人员，这项制度应该是从那时开始的，并为后代所沿袭。而在陵墓的一侧建置寝殿，这也是以秦始皇陵为开端的，同样也为后代帝王的

秦始皇陵的兵马俑坑

历史的巨作——秦始皇陵

秦始皇陵封土

秦代兵马俑都富有感染人的艺术魅力

陵园格局所继承。

（四）皇陵的地面象证——封土堆

秦始皇陵封土堆是古代帝王陵中最高大的。《汉书·刘向传》记载："上崇山坟，其高五十余丈，周回五里有余。"汉时一丈折合今天2.3米，那么秦始皇陵原高应约为115米。原封土堆的底部近似方形，南北长515米，东西宽485米。经过两千多年的风雨剥蚀和人为破坏，现存封土堆较原封土堆已大大缩小。现存封土呈覆斗形，中腰部有一缓坡状阶梯，顶部为一平台。经实测，封土堆基部现存南北长

秦始皇陵的兵马俑陪葬坑群

350米，东西宽345米。封土顶部的平台东西长24米，南北宽10.4米，而面积为249.6平方米。封土堆的现存高度仍有76米高。封土堆上的土传说是经过烧炒后从咸阳运来的。但经对封土堆土质分析后确定，封土堆的土不是经过烧炒的，否则就不会有今天封土上郁郁葱葱的石榴树林。而且，这些土也不是从咸阳运来的，而是

历史的巨作——秦始皇陵

秦始皇自认功盖天下，遂把封土修得异常高大

从秦始皇陵东北的鱼池遗址运来的。冢上筑封土不是自古就有的。按照目前掌握的考古资料，并结合历史文献来看，中原地区的墓葬兴建坟丘起于春秋后期。如孔子由于一生四处奔走，怕回来后找不到他父母的墓地，遂在墓葬筑起四尺高的土丘作为标记。到战国时期，随着社会经济制度的变革，阶级关系的变动，中央集权制度的推行，坟墓的等级制度开始形成。此后，坟墓的形制、高低、大小及所种树木的多少，皆成为坟墓等级的重要标志，封土高大得可以和山陵相比。秦始皇认为自己功盖天下，遂把封土修得异常高大，让后世的人无法匹及。汉武帝的茂陵虽修建的时间比秦始皇陵长，但仍然没有秦始皇陵高大，其高度只有四十多米。

（五）神秘的幽冥之所——地宫

高大的封土堆下面就是神秘的地宫，从古至今人们都在猜测地宫里的情形，文献记载中对于地宫的描述也是众说纷纭。司马迁在《史记》中对地宫有这样的描述：秦始皇刚刚即位，便开始修筑他的骊山巨冢。待他兼并六国、统一天下，更征来七十二万徒隶，穿圹辟基，直达三泉，浇铸铜铁，填塞渗漏，放置巨大的棺椁。冢内建造宫观殿宇，设置百官位次，刻石为像，站立两旁。生前他所能享用到的一切

秦始皇陵兵马俑坑

历史的巨作——秦始皇陵

奇珍异宝，尽藏其中。为了防止盗墓，他令工匠制作弩矢射杀。地宫中用极为珍贵的水银浇灌出百川江河大海，设置机械，使其灌输流动。地宫之上具备天文之像，地宫之下具备地理之势。又用人鱼的膏脂燃作灯烛，认为这样可以长久不灭，永远照耀地宫。

这一描述有没有可信性呢？司马迁距秦始皇仅七十余年。他写《史记》时，亲自游历全国名山大川、遍览皇室藏书，访问了许多老人，因此可以说他对秦始皇时期的情况应该是比较熟悉的。

今天的考古发现也一再证实司马迁对秦始皇陵记录的可靠性。《史记》中记载：地宫内以水银为百川江河大海。1981年

匹匹骏马显示了秦代彩陶艺术的高超水平

秦始皇陵三号兵马俑坑

和1982年，经中国地质科学院物探研究所用地球化学测汞方法两次对秦始皇陵进行测试，发现秦始皇陵封土堆的中心部位有强烈的汞异常反应，面积达12000平方米，略呈不规则的几何形，说明两千多年来地宫中的水银一直在不断散发，直到今日仍发生作用。在陵墓中用水银，并不是秦始皇的创造，在秦始皇之前已有人使用了。春秋时吴国国王阖闾和齐国国王齐桓公的坟墓中就有水银。为何在陵墓中放入水银呢？一则因为水银具有防腐的作用，可以防尸体的腐烂，二则由于古代帝王兴厚葬，但又害怕别人盗掘，而水银易挥发、有剧毒，所以当盗墓者进入墓穴时，就会将其毒死。

另外对秦始皇陵地宫中"上具天文，下具地理"的记载也是可信的。近年来，在西安交通大学校园内发现一西汉墓中上部即有二十八宿图像，是"上具天文"的实证，此种建筑形式很可能是受秦始皇陵的影响。人在世时，受日月星辰的影响，死后必然有所反映。因而秦始皇陵地宫中的这种现象虽然未发现，但应该是存在的。至于"以人鱼膏为烛"的问题，也有迹可寻。人鱼即娃娃鱼，人鱼膏即娃娃鱼的鱼油。在今天的北美洲太平洋沿岸，人们仍在使用这种鱼的膏做蜡烛。听说还有一种

正在挖掘的一号兵马俑坑

叫"艾乌拉霍"的鱼,把它打来晒干后,用一根线穿在它的身上就可以点来当做灯芯。出海的人经常用它来照明,可谓名副其实的鱼灯,据说这种办法是很久以前印第安人发明的。从《史记》的记载来看,中国人早在秦以前,也发明了这种用鱼作灯的方法。那么在地宫中以人鱼膏作灯的说法也就不足为奇了,但是不是千年不灭还不得而知。

考古人员还利用现代化的勘测工具对地宫进行勘探。勘探得知,地宫周围的地下宫场,南北长460米,东西宽392米,墙体厚和高约4米,用未经熔烧的土坯砌成。宫墙的四面有门,东边发现斜坡墓道5个,

秦始皇军队雕塑

历史的巨作——秦始皇陵

通过秦俑传神的表情可见秦代陶艺的高超水平

北边、西边各 1 个，南边正在勘探中情况不明。在四周地下宫墙环绕的范围内当为地宫，其结构可能是多层台阶的方形或近似方形的土圹，面积达 180320 平方米。

（六）皇陵周围的建筑

秦始皇陵园内除高大的封土堆外，四周还有建筑遗址，陪葬遗址。在领略了封土堆的高大和地宫的神秘之后，让我们来一起了解它四周的情况。

寝殿和便殿

寝殿、便殿建筑位于秦陵封土北侧 150 米处。寝殿是墓主灵魂的起居生活之处，便殿是临时休息的地方。这是遵循古代"事死如事生"的礼俗，把模仿活人宫室的建制照搬到陵园中。寝殿陈设墓主人的衣冠、床几、家具和生活用品，如同墓主人生前的样子，应有尽有。宫女每天像侍奉活人一样，分四次向墓主供奉食品。这一举措，对后代有深远的影响。

1976—1977年，在秦陵封土的北侧及内城北部的西区，发现了一组东西相连的大型礼制性建筑群，这就是秦陵的寝殿和便殿的建筑。但这组建筑已于秦王朝末年被项羽的军队付之一炬，至今地面上还堆积着大量的瓦砾和红烧土、灰土等遗迹。在历经了两千多年的沧桑巨变后，劫余的

秦俑骑兵

遗迹和遗物已经消失或变得支离破碎。但从现存遗址内出土的直径达61厘米的大瓦当和大量的青石板中也可窥见当年建筑的宏伟与装饰的华丽。

进奉饮食的飤官署

1982年在秦陵的西北部发现了一处遗址。这是一组高台建筑，夯筑地面光滑平整，粉白的墙壁，整齐的重檐建筑，巨大的储藏室，表明这里是精心处理过的。可以想想，当年这里的房屋非常高大，房子周围有土筑的、瓦铺的路面，还有渗井和井。井上有砖铺的四方井台，井

秦俑形象生动逼真

壁用大型井圈箍起，深达 16 米便可见水。渗井上未见井圈，井壁周围依稀可见打水时的脚窝。据考证，这处遗址是秦皇陵的食饮官署，在秦代供应皇帝伙食的官员叫官，饮官署即侍候皇帝吃饭的机构。为什么会在陵墓的旁边设立这样的官署呢？《佐传》曾说："鬼尤求食。"皇帝虽然死了，但他们仍然要像侍奉活着的皇帝一样，每天按时给皇帝进献食物。

乐府与茜府

1976 年春节，考古人员在秦陵西侧即饮官遗址的北部发现一口秦代乐府钟。这口乐府钟告诉我们，在秦陵封土西北方向，曾仿秦咸阳都城的设置，建有乐府官署。乐府中有各种祭祀用的礼乐器具，还有一批能吹善奏的乐人。每逢祭祀之日，这里钟磬齐鸣、百官同祭，乐人奏起音乐，一派歌舞升平的景象，盛况空前。始皇下葬两年后，项羽入关，一把火烧了咸阳宫，一直烧到始皇陵。这口乐府钟连同乐府，一同被黄土所掩埋。

茜府与乐府并存，茜府是秦朝管理制酒的官署。俗话说："无酒不成礼。"可见酒在人们的生活中占有很重要的位置，秦朝祭祀的时候不仅要演奏音乐，

秦俑形象逼真、自然且富有生气

历史的巨作——秦始皇陵

还要饮酒。因此在秦陵设置茜府很有必要。1986年9月，秦陵考古工作队在秦陵北的吴村中发现了一个陶盘，盘上刻有三行文字："一斗二升骊山茜府。"这个陶盘的出现正好印证了茜府存在的事实。

始皇陵邑

秦始皇于公元前231年在秦陵以北3公里的地方设邑（现在的临潼区刘家寨村），即丽邑。这是秦始皇的首创，他的目的何在呢？我们都知道秦陵修造时间很长，为了保证修陵工程按照规划能如期完成，就必须要有一个工程指挥部，因此丽邑就充当了这个角色。同时，陵园修好后

秦始皇陵兵马俑

秦俑的排兵布阵很有讲究

要有一个机构常年供应陵园所需，丽邑便成为陵园服务的常设机构。目前残存遗址50万平方米、堆积有30—40厘米厚的瓦砾、灰土以及成排的板瓦、筒瓦、五角水管、云纹瓦当等。

五岭和鱼池

秦陵的南面和北面各有一处遗址，即五岭和鱼池。

秦始皇陵的南侧正对着骊山北麓一排南北向峡谷的谷口，这里共有大小谷口十多个。其中有一大水沟正对着始皇陵墓，大水沟谷口宽数十米，山洪暴发时，陵墓随时有被冲毁的危险。修陵的设计者为了

通过服饰可以识别秦俑的兵种

防备山洪冲击，在秦陵与骊山之间也就是骊山山麓修筑了一条呈西南——东北走向的防洪大堤。这样就会把大水沟及其他几条山谷的水拦住，使水绕过陵园向东流去，然后再向北流，最后注入渭河。这个保护秦岭的防水堤就是五岭。

大水沟的水，因五岭的阻挡而东流，转而北流，最后注入渭河。在向北流的途中会经过鱼池这个地方。鱼池在秦陵以北2500米处。修秦陵时，为了建造高大的封土，曾从这里取土运往秦陵。由于用土量大，这里便形成一个大坑。大水沟的水流下来汇集在此，使得这里的水越积越多，

久而久之，便积成一个大池子，人们称之为"鱼池"。直到现在，这里仍然是一片低洼地带。

陪葬坑与陪葬墓

迄今为止，在秦始皇陵四周发现了181座大小、内容、形制不同的陪葬坑。有些陪葬坑，很具有代表性。例如1980年冬天，在秦始皇陵西侧发现了铜车马坑及两座大型陪葬坑。在这个陪葬坑中发现了秦始皇的车驾——大型彩绘的铜车马！其精湛的工艺震惊了全世界。1995年5月在秦始皇帝陵东南方向的内

秦始皇陵兵马俑坑

城之间，发现了一个东西长40米，南北宽15米，面积为600平方米的陪葬坑，经确定内部为秦代宫廷娱乐竞技活动的百戏俑。与秦陵兵马俑相比，秦陵百戏俑透着一股鲜活灵动的气息，充满生命活力。这个陪葬坑的发现也使后人对秦的文化有所了解。

除了这些无生命的陪葬坑之外，在秦陵还发掘出了埋葬那些殉葬人们的墓。

有一种是殉葬的宗室大臣。我国古代帝王的宗室和大臣死后，一般要埋在这个帝王的陵墓附近，叫做陪葬。在古代，不是谁都能随随便便进入陪葬墓的，还要有一定的条件：一要是帝王的至亲；二要有

彩绘铜马车的出土使世人耳目一新

秦始皇兵马俑博物馆

秦始皇雕像

历史的巨作——秦始皇陵

秦岭风光

功劳，只有符合其中的一个条件，才能陪葬。所以，死后进入帝王的陵墓陪葬是一种荣誉。这种礼制，周朝以后逐渐固定下来。古人认为：西方是尊者的方位，所以尊者在西，卑者在东。秦始皇宗室大臣的陪葬墓，也在秦陵的东面。

秦始皇陵的陪葬墓区已发现四处：一处位于封土的西北角，有甲字形大墓一座；第二处位于内城的北部东区，有墓葬三十三座；第三处位于陵园西侧的内外城垣之间，发现六十一座墓葬；第四处位于陵园外城的东侧，有十七座墓。第一、四处的墓主可能是秦始皇的公子、公主，第二、三处可能是后宫人员的墓地。这就是说陪葬者是秦始皇的直系亲

秦始皇陵陪葬墓已发现四处

历史的巨作——秦始皇陵

属及后宫的近侍人员，未见皇后及夫人的墓葬。

秦陵内城西部的北边，也发现了极为密集的陪葬墓。这些墓的主人是谁呢？目前还不知道。但是《史记》记载，秦始皇死后举行了安陵大典，胡亥曾下令：秦始皇后宫嫔妃中没有生育过子女的女子，放出宫外是不合适的，应该让她们殉葬始皇。据说当时活埋了许多后宫的嫔妃。秦陵内城之中封土以内的众多墓葬大概就是这些不幸女子的墓葬吧。

另外一种殉葬墓是那些修陵人的。1978年8月中旬，秦陵西侧姚池头村的

秦始皇陵有一个修陵人的殉葬墓

秦始皇陵出土的兵马俑千人千面

农民反映，他们在1977年冬天平整土地时发现了许多人骨。考古工作者随即前往，在姚池头村西北约200米的一处断崖上发现层层叠压的人骨群葬坑。可惜已遭到破坏，仅残留坑南端的一段，人骨上下互相叠压，未见完整的人骨。此后，接二连三地又发现类似的杂乱无章的人骨群葬坑。有的群葬坑还有一些墓主人生前用过的生活用品，有的还简单地记录了葬在这里的人的名字和籍贯。这些简陋的群葬坑据调查是当时修陵人的墓葬。严酷的环境，高强度的劳动量，致使大批大批的修陵人死亡，他们死后就被埋在秦陵的周围。

兵马俑人物动作表情丰富，具有鲜明的个性

这些陪葬坑和陪葬墓的发掘，加深了人们对秦陵的认知。不仅看到了秦朝文化的灿烂，也目击了秦陵修建过程中的残酷。那些不被历史记录的人永远被埋在了地下。秦始皇用这样的方式，继续着他的帝国之梦。

三 世界的奇迹——兵马俑

秦兵马俑坑，位于秦始皇帝陵东侧1.5公里处，是秦始皇帝陵东侧的一组大型陪葬坑。俑坑规模宏伟，埋藏文物丰富，是秦国军队的缩影。

（一）挖井人的发现

1974年3月29日，一个再平常不过的日子。西杨村的杨志发、杨培彦等十几位农民像往常一样正在村南边打井。杨志发、杨培彦负责在井下挖土。当他们挖到2米深的时候，发现有少许的红烧土块，当时他们也没在意，继续往下挖，又发现有陶俑的残肢断体，他们仍然没在意，因为该地以前曾发现过类似

兵马俑是世界的奇迹

兵马俑是被挖井人无意间发现的

兵马俑是震惊世界的艺术珍品

的物品,杨志发等人把这些残肢断体扔在一旁,接着往下挖。挖到4.5米深时,发现了砖铺的地面以及铜镞、铜弩机和残破的陶俑。

大家把挖到的东西拿到地面,其中一个形象怪异的彩色陶制人头引起了他们的注意,只见这个人头上有角(实际上是发髻),嘴唇紧闭,双目圆睁。当地世代传说,他们的祖辈挖墓时就看到过这种叫不出名字的怪物,称做"瓦神爷"。

这时公社有个叫房树民的水保员前来检查打井工作。当他看到井旁一个灰色的俑头后,不禁吃了一惊。这位水保员对文物知识略知一二,他仔细观察了打井的现

兵马俑是秦始皇陵的地下军队

场后，立即把这些东西和三里之外的秦始皇陵联系起来。

水保员于是马上把这个消息报告了临潼县文化馆。临潼县文化馆的赵康民先生第一个赶赴现场，随即察看地形，并会同公安部门收缴了流散在群众手中的铜箭头等文物，同时作了局部清理。

恰在这时，一位新华社记者回临潼老家探亲。他在文化馆看到了这些如真人大小的陶俑，大感惊奇，回北京后就在人民日报社编印的《情况汇编》上发表了临潼发现秦代人型陶俑的消息。中央知道消息后，立即决定拨款作为重点项目在俑坑上建立遗址博物馆以妥善保护遗存和遗物。同时兵马俑的发现也引起了国家文物局有关专家的高度重视，他们当即派员视察，实地了解情况。就在博物馆紧张施工的同时，又有了新的发现。1976年4月23日，在施工现场北侧又发现一坑，即二号兵马俑坑。同年5月11日，在一号俑坑的西端北侧，又发现一个俑坑，即三号兵马俑坑。之后又发现了四号坑，也许是当年因战乱而中辍，四号坑尚未建成，属于空坑。

从平面布局上来看，兵马俑坑呈面东的方块结构。四个坑做南北两行排列，其中，一号坑位于这组坑群的右侧（南），二、

兵马俑是秦始皇的守护者，也是皇威的体现

三、四号坑处于左侧（北）。如果全部发掘后，估计可出土大型陶俑七千余尊。据专家考证，一、二、三、四号兵马俑坑是一个有机整体。它们象征着秦始皇帝陵的地下冥军，是秦始皇在地下王国中的国家军队。既是亡灵的守护者，也是皇威的体现者。

（二）兵马俑坑的构筑

兵马俑坑就是放置兵马俑的地下建筑。那么这一建筑是怎样构筑的呢？因为俑坑跨度太大，而俑坑上的棚木又太短，所以秦人在深入地下约5米的大坑内，筑起一道道纵向的承重"隔墙"，形成两墙

世界的奇迹——兵马俑

之间的长条空当，即"过洞"，兵马俑就站在过洞内，"过洞"的地面铺有条砖，两侧立着壁柱，上面承托枋木。由于柱子紧贴壁面，就形成很整齐的"排柱"。柱高与墙顶平齐，保证了枋上横铺棚木的平整。然后在密集的木枋上铺盖席子，再覆盖以细泥和黄土，从而形成了完整的地下建筑。

当年筑坑时，为了上下运输方便，于坑侧开挖有斜坡通道。施工结束之后，在入口处立木封堵，填土使平。

从结构和布局来说，所谓的"秦始皇陵兵马俑坑"，绝不像一般人认为的那样，就只是一个地下大坑。它是完整

秦始皇兵马俑博物馆

的一组坑，包括了四个不同形状、不同内容的坑。这一点，对于了解兵马俑坑的性质，至关重要。

秦始皇陵由四个形状、内容不同的坑组成

（三）"长方形矩阵"——一号坑

一号坑东西长230米（含斜坡门道，坑体实长210米），南北宽62米，深4.5-6.5米，其中坑口距今天的地表0.3-1.5米，面积14260平方米。坑四边各有5个门道，其中东西两端的门道较南北两侧稍长。

一号坑在东西两端留出一定的距离，形成东、西廊；再纵向筑10道南北并列而又等长的"隔墙"，形成东西向的11个"过洞"；南北两侧的"过洞"，即"边

一号坑全景

洞"较窄,宽约在1.5-1.75米之间,而其余9个"过洞"一般各宽3.2米。"隔墙"的墙基宽在1.83-2.08米之间。于是,一号坑内就很自然地分成了几个空当部分,即前廊、后廊、北边洞、南边洞和中心的9个过洞。兵马俑就分别在这些空当之中。

一号坑经两次部分发掘,共得陶俑1793尊,陶马76匹,木质战车19乘。各类文物,主要是兵器、车马器,少量的货币与农工工具,近两万件。根据已经发掘部分和探测所掌握的情况,以及文物分布的密度来推算,估计一号坑内原来布置有兵马俑600尊左右。

坑中的"武士俑",依身份可分为指挥俑和士兵俑两种,前者即所谓的"军吏",是军中的各级指挥官,又可分为高、中、低三级。而无论军吏或士兵,其所着军服又可分为战袍和袍外摄套铠甲两类,因此有人也就将其笼统地称为"铠甲俑"或"战袍俑"。

经发掘得知,坑中兵马俑的主方向是面东的;但各部分的俑在朝向、种类、数量及配置兵器等等方面,是有区别的:"前廊"的武士俑统统面东,做横队排列,分前、中、后三行,计204尊战袍俑,手执的兵器一律是远射程的弓弩;随后,是在9个过洞中成纵队排满了簇拥着战

铠甲俑和战袍俑

世界的奇迹——兵马俑

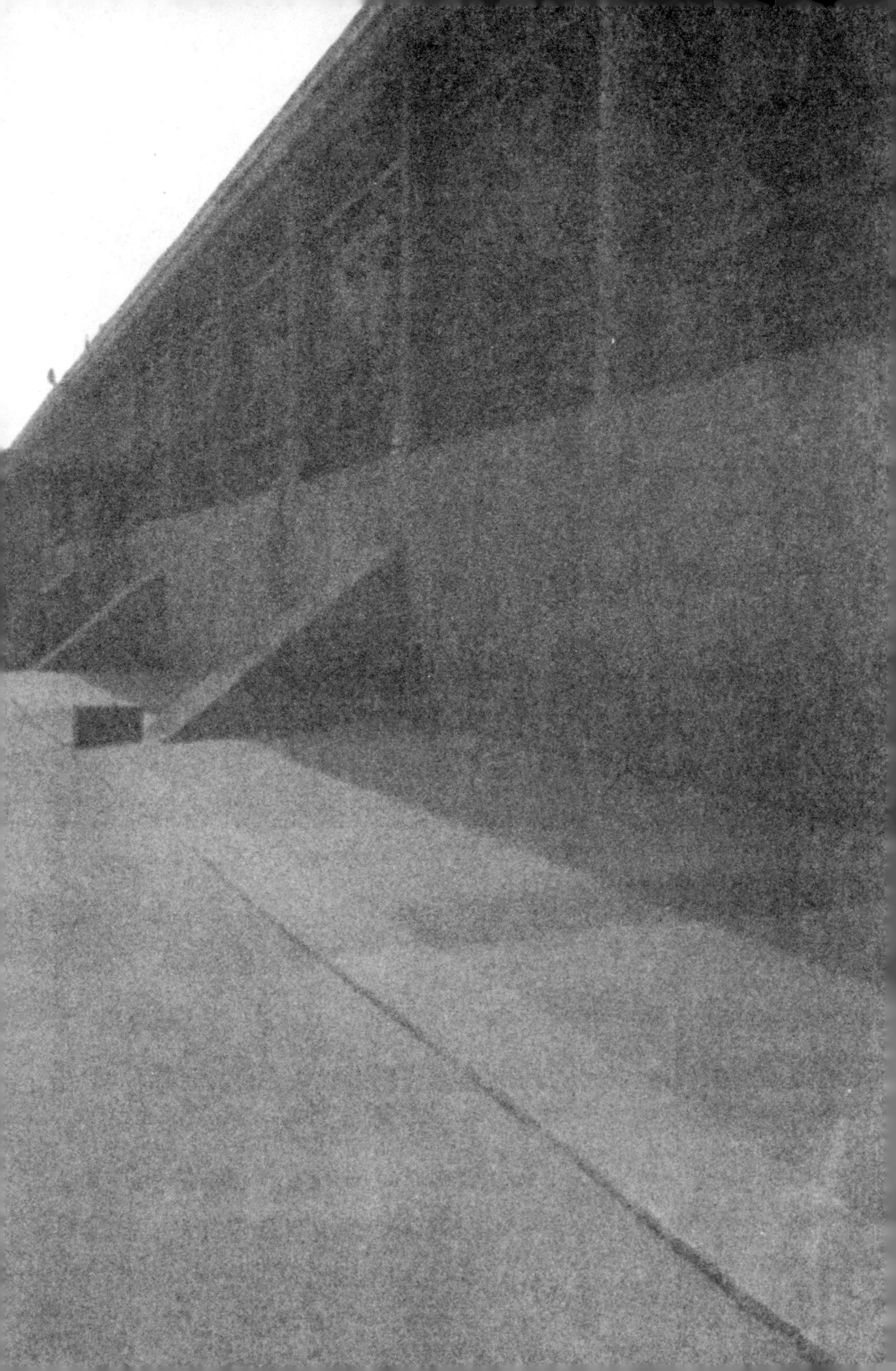

兵马俑艺术表现手法细腻、明快，表情各不相同

车的铠甲俑，这部分似乎是人数最多的主力作战部队，战车与甲士间隔排列，有各级指挥官，指挥车上有金鼓，兵器以近距离作战的长兵器戈、矛、戟、铍等为主，另有卫体的短兵器剑。南北"边洞"，各有两列武士俑，均为内侧的一

列面东，外侧的一列向外，即北"边洞"外侧的面北，南"边洞"外侧的面南。从整体分布看，这分别面南和面北的两列武士俑就好像是人贴着身体的两只胳膊。"后廊"的武士俑队列，同"前廊"相仿，也做二行横队排列，不同的只是不再面东，而变为面西。

总之，一号坑的武士俑形成一个长方形的队列，其结构组成异常明确，具有方块式结构的特点，这就是后来研究确认的"矩阵"，或称"方阵"。军阵攻守兼备，以攻为主。军阵主体面向东，显示其东向警戒、作战的特点。它的纵队阵形，又反映出将作进攻作战的态势。军阵四周配置较多的弓弩兵，对于护卫军阵，稳定阵脚，保障进攻起着重要的作用。军阵各部相间，多路编成，既可多路齐出，又可各路分出，始终保持军阵的稳定。

兵马俑的发现为中华灿烂文化增添了光彩

（四）"多种兵的会合"——二号坑

二号坑位于一号坑东端北侧，与前者相距20米。其主体部分的东边沿南北基本成一条直线。

二号坑平面呈向南、向东伸出"勾股弦"的曲尺形。东西两端各有三个斜坡门道，北侧有一个小门道。坑体部分东西长

秦始皇兵马俑博物馆

96米，南北宽84米，加上门道，便位于124米×98米的范围内，面积约6000平方米。

二号坑的格局与一号坑完全不同，所有的武士俑无一例外地面东，在兵种上也

嘉峪关长城

多出了骑兵。但从车、步、骑、驾四个兵种的平面构成上看,也呈现出一号坑单独编列的方块结构的特点。

该坑自然形成的四个兵力单位(区),其布局可分为前后两线:第一区(Ⅰ区)

在前，即位于向东突出的"勾部"；第二区（Ⅱ区）至第四区（Ⅳ区），由南向北，并列在后，即南北对的"股部"。在一线第一区同二线第三区（Ⅲ区，编号，由南面北）之间有横墙相隔，四道门使前后两线相通。

第一区，有东西向的"过洞"6条，两端南北贯通，成为通道。如此一来，就使得"边洞"和东西两通道构成一圈"回廊"：这一区计有332尊武士俑。在中心4个"过洞"里，排列着8列计160尊蹲姿扶弩的甲俑；南北两"边洞"，各有3列共计96尊立姿做稍息或"丁"字步的

兵马俑坑的发现是20世纪最壮观的考古发现之一

秦始皇陵四号坑是一个空坑

着袍射俑；东端通道有2行计60尊立姿武士俑，前行着袍，后行擐甲；西通道有16尊立姿甲俑，也做2行，但分做4尊一组，紧随中心"过洞"蹲姿甲俑之后。在铠甲俑中有两个地位较高：一个身穿彩色鱼鳞甲，头戴鹖冠，双手拄剑，是一级别较高的将军俑；另一个身穿彩色花边的前胸甲，头戴板冠，是一中级军吏俑。这两个军吏俑立于方阵的西南角，为弩兵阵的统帅。

"回廊"各部的武士俑装束不尽一致，但均取立姿，而中心4个"过洞"的甲俑均做蹲姿。以上编列均与弩兵的特点有关。因为弓和弩的射击方法有立姿和

世界的奇迹——兵马俑
071

指挥官兵马俑

跪姿两种，对敌发射时，为避免误伤自己方人员，前边的士兵只有跪下，同时由于弩张缓慢，临敌不过三发，为了弥补这一不足，必须轮番射击，才能使敌人措手不及，无法逼近。应该说，这一区表现的是练兵场。

第二区位于二线第三区的南部，占8个"过洞"。每个"过洞"中有8乘战车，共计64乘。每车3尊甲俑，御者居中，执长兵器的左右车士分列两侧。

第三区位于二线第三区的中部，有3个"过洞"。这一区由车、步、骑三个兵种组成，按照车、步、车、步……骑的次序间隔排列。共计出土有战车19乘，车上3名武士俑，车后跟随的甲俑少则8位，多可达36位。最后由8骑为殿，有骑俑8尊。

第四区位于二线第三区的北部，占有3个"过洞"。前端6乘前导战车，'随后是108个骑俑牵马构成的骑兵队列。此区出土的车辆较为轻小，车上仅有御者、车右2俑，推测是专用于同骑兵配合的骑车，属于善于驰驱的高速战车。

从总体上看，二号坑的构成并没有反映出战阵的性能要求，四个区的兵力缺乏呼应，而且彼此关系松懈，不具备机动转换时的阵形应变机制，更不见出战程序的编排。所以，二号坑可能表现的是驻营形式，其中，第二区属车兵小营，第三区属混编小营，第四区属骑兵小营，而第一区则属于练兵场。当然，营内的驻军是符合出战、列阵的需要和原则的，所以才会有车、步、骑或车、骑的混编。

（五）"秦王朝的军幕"——三号坑

三号坑位于一号坑西端北侧10米。这是一个面积只有520平方米的小坑，平面呈向西的"凹"字形，斜坡门道在东。坑体东西长17.6米，南北宽21.4米，总面积仅为一号坑的1／27。

秦始皇陵三号兵马俑坑一景

坑内的格局是：正面对着门道停放一辆属于指挥车的"驷马鼓车"，前为长廊；"凹"字北侧是"左厢"，南侧是"右厢"。右厢进深较大，结构也复杂，平面有如内空的"土"字。从东到西，可分为"过庭""中庭""后室"三部分。

坑内出土甲俑68尊，其中4尊随车，其余则分布在"右廊"和左、右厢，而且环壁站立，形成夹道之势。两侧的俑也构成面对面的形式。从俑的手势和出土的一束20支殳看，这些甲俑的身份应该是指挥部的侍卫。

三号坑实际上为我们提供了"军幕"的一个实例。指挥车所在的空间属于"鼓车之府"；置于正面而便于出行"右厢"的"中庭"便是商议军机大事的"合谋之所"；"后室"系"秘藏之室"；"左厢"有残鹿角、动物骨和束殳，应为"军祭之所"。

（六）"断臂的维纳斯"——四号坑

四号坑，如前所述，是一个只具坑形，

秦始皇兵马俑博物馆

世界的奇迹——兵马俑

兵马俑面部表情生动、真实

但尚未构筑、置俑的空坑。估计因为被废弃，地面被流水冲垮，所以南部残毁，后边界不清。此坑位于二、三号坑之间，南北残长96米，东西宽48米，深4.8米，现存面积4600平方米。

四号坑之所以被废弃，很可能与秦末农民起义导致形势变化，迫使陵园工程停工有关。

四号坑与其他诸坑的最大区别是呈南北走向的状态。可能其正方向仍然朝东，是一个未完成的战阵形式。古代的作战队形都需要大排面的横队。同时，不难想象，在列阵、宿营、军幕之外，还可能有其他的补充形式。如果当初该坑完成，现在我们就能看到秦军生活的另一个主要场景了。

步兵在秦军中作用突出

（七）秦朝的多样军种

步兵

战国时期（公元前475年—公元前221年）各国竞相发展自己的军事实力。此时步兵作战地位发生变化，作用日益突出。秦兵之勇比之六国，更胜一筹。荀卿（约公元前313年—公元前238年）曾说："齐之技击，不可以遇魏氏之武卒。魏氏之武卒，不可以遇秦之锐士……有遇之者，若以焦熬投石焉。"可见秦兵的剽悍勇猛，所向无敌。

兵马俑三坑的武士俑包括步、车、骑三个兵种，其中以步兵俑的数量为最多，骑兵最少。步兵俑中有负责射箭的人，称之为"射兵"。从编制上看，则有两种，一是隶属步兵，二是建制步兵。其装束有轻重，但就独立的建制步兵来说，是二者兼有，而随车的隶属步兵俑则无一例外的是重装。

所谓"轻装"，就是战衣轻捷、简便的意思。兵马俑坑的轻装武士俑身着交领右衽战袍，长仅及膝，腰束革带。双股着膝缚，其上部掩藏于袍下，而下端盖于膝下。胫部缠有斜幅式的"行縢"，足蹬方口履。有些穿战袍的步兵俑不扎行縢，而是套一对筒状并有絮棉的"胫衣"。如二号坑前端的战袍射俑，胫衣上口接膝，下

轻装步兵

口扼腕，正好护住双胫，是一种简单便当的护腿设施，也许就是汉代所谓的"絮衣"。轻装步兵俑不戴"胄"（即所谓头盔），不压冠，只是把头发梳挽成椎髻，多绾在头顶的右侧。

"重装"是相对轻装而言。重装步兵俑，只是在袍外穿一件长及腹的短襟铠甲。至于下体防护，同轻装步兵俑没有太大的区别，多数足蹬履，少有穿靴的。头上同样是免胄束发的，惟发式有椎髻、辫髻的区别。椎髻扎以橘红色的发绳，而辫髻压以方板形的发卡。束敛头发稍讲究者，是头上套一顶"武帻"（即头巾），质地轻薄，

重装步兵

世界的奇迹——兵马俑

椎髻依旧兀立。不过，这种戴武帻的铠甲步兵俑主要分布在矩阵前部两侧对称的位置，其身份、作用，另有讲究。

车兵

车兵是一种很古老的兵种，它在概念上和内容上随时间推移而有所不同。殷周盛行车战的时期，战车是作战唯一的凭借，但兵种单一。春秋以来，车兵有了新的内容，实际成了战车上乘员和战斗步兵的结合体。随车者不但称谓改称"步卒"，其作用也发生了变化。他们不再是呐喊助威的配角，而是成了隶属于攻车的战斗步兵了。

随着奴隶制生产关系的解体，军队成分发生了根本性的改变。新兴地主阶级的夺权斗争和封建国家间的战争，促使步兵迅速成为战斗的主力。车兵也只是作为一个兵种而存在着。纯粹的车对车的战斗方式已不复存在，活跃在战场上的是步、骑、车多兵种的作战群体。

兵马俑坑的车兵，大概包括了两种。一种是战车和人数不等的随车步兵，如矩阵阵体部分和驻营的车、步混编部分；另一种是纯粹的战车兵，如车营中的轻车兵和骑兵营前部的特种车兵——"骑车"。

蹲跪式秦俑

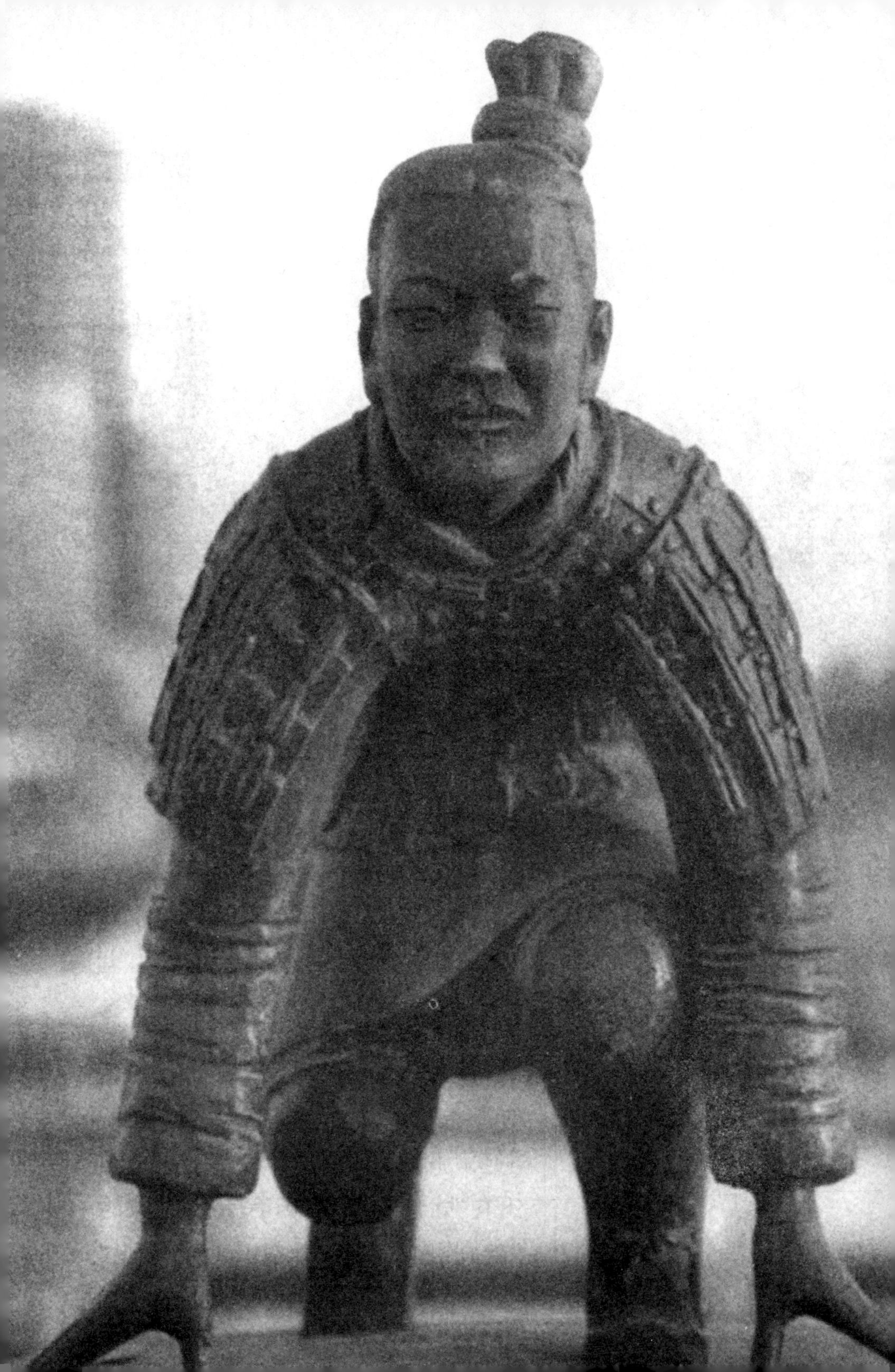

秦始皇陵墓

兵马俑车乘因其乘员的多寡及其身份，按车的性质不同，还分为：轻车——甲士3人，中为"御"，两侧分别是戴帻的"车左"和"车右"；朗车——车体轻小，车上有"甲士"3人（含"御手"）挑选出来的"锐士"；骑车——车体最小，仅有"车御"和"车右"2人；战车——一号坑里的多数车乘属于战车，其后跟随步兵，隶属、建制两种情况兼有；指挥车——车体最大，车上高级或中级车吏，再加上"御手""车右"，共计3人；"驷乘"车——仅出于三号坑，当是一种较高级指挥车。其乘员由"佐吏""御手""鼓手"和"甲士"等4人组成。

单有车兵和车乘并不能保证会获得战争的胜利，在此基础上还要有合理的战术编队，即将战车进行合理搭配，使其发挥最大功效。

兵马俑坑内的战车编制极为丰富：有

秦始皇兵马俑博物馆

轻车编队，所谓"轻车"，顾名思义，是轻捷便于驱驰的战车。二号坑车营里就有64乘，其安排是纵向8列，每列8乘，方方正正。对照双车编组，8行车实际是横有4个双车，纵有16个双车，构成了一个战术编队；还有阙车编队，阙车即车体轻小、速度快的机动战车。在二号坑二线的Ⅲ区3个过洞里，有阙车19乘。车行里只有前一行是双车，后面的几行都是成三的奇数，且随车人数不等；骑车编队，它是兵马俑坑发现的一种特殊的战车，仅有乘员2人。它具有高速度的特点，其收拢、展开的应变是诸兵种无法相比的，其冲击力相机动力也堪称上乘。在兵马俑二

秦始皇兵马俑博物馆展示多种不同类型的兵马俑

兵马俑坑内的残破陶片

号坑的Ⅳ区3个过洞的前端,有6车居于骑营之前,做两行排列。这就是秦之骑车。由于它是每行3辆车,构成奇数,所以应当是前后成双的。骑车虽然总的看来其编队不合"编制",但这也许正是秦骑车的特点;战车编队,一号坑矩阵阵体的战车,是指挥、战斗两种作用兼而有之,故在编法上较为特殊:第一,尽管随车步兵人数不等,但以第6过洞为中轴线,两侧对称,战车和俑数一致;第二,双车编组之法有左右并列的,也有前后相随的;第三,在并列的双车之间,往往有步兵"弥缝"。

兵马俑的骑兵数量少于车、步兵

骑兵

　　骑兵俑群位于模拟驻营的二号坑左部，占有3个过洞，是一个有很大纵深的长方形小营。每一骑士牵一战马，行列对齐，纵向12列，横向9行，计108骑。另外，在车、步混宿小营的3个过洞里有8骑殿后。骑兵总数是116骑。仔细分析，它们是按三种情况配置的，第一种：车、骑混编——第一行是驷马战车，第二纵行有12骑，第三行又是3乘驷马战车；第二种：骑兵队——第四行至第十一行共有12个8列计96骑骑兵；第三种：殿骑——一行8骑。

　　兵马俑坑的骑兵俑群提供给我们的是

每一名骑兵牵一匹战马

工匠用写实的手法把秦俑表现得十分逼真

骑兵宿营待发,配合车兵和步兵的实例。从整体上观察,不难发现这么个事实,即在兵力配置上,骑兵俑群偏处一隅,其数量也远远少于车、步俑。结合文献记载,可以说明秦骑兵虽已是一支雄壮强盛的独立兵种,但毕竟还没有取代车、步兵成为作战的主力。

尽管骑兵还没有成为秦始皇时代的作战主力,但在统一战争的交响乐中,它却是一支最强音。骑兵行动轻捷灵活,能离能合,便散便聚,善于远距离作战。它能做到快速奔驰,百里为期,千里而赴,在短时间内长途奇袭,使敌防不胜防。又能

世界的奇迹——兵马俑

迅速转换作战方式，改变攻击方向。其战斗队形对复杂地形的适应能力强，具有高度的机动力和强大的冲击力。在兵马俑坑出现骑兵，正是其随时代发展而备受重视的反映。

（八）秦坑里的古兵器

远射程兵器

兵马俑的远射程兵器主要是弩。弩作为复合性兵器，其全套设施包括了箭和弩弓两部分。一支完整的秦箭是在竹竿或木杆前装有箭头，箭杆后部有羽毛。镞（即剑头）除两枚铁镞和五枚铜镞外，全是青

秦坑里出土的古兵器

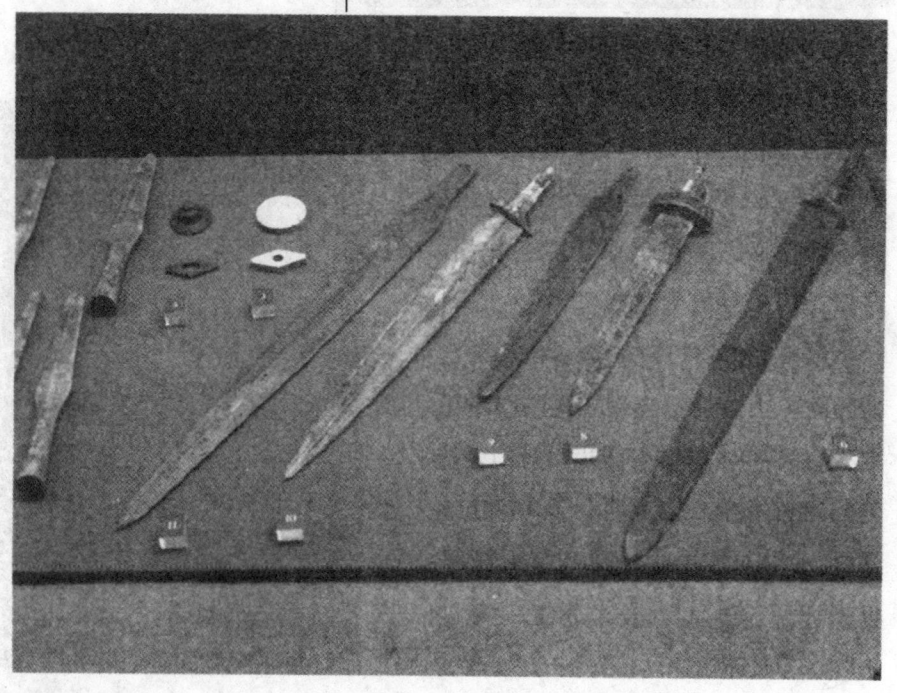

铜质的镞。而三棱镞是主要的镞式,可占99.9%。箭杆经过加工,径约0.7-0.9厘米、通长68-72厘米。表面涂漆,前段涂朱红色,约50厘米,占箭长的70%;后段为褐色(或棕色),长18厘米,占箭长的25%,羽毛早已腐朽,残骸长13厘米。

秦始皇陵出土的长兵器

青铜兵器

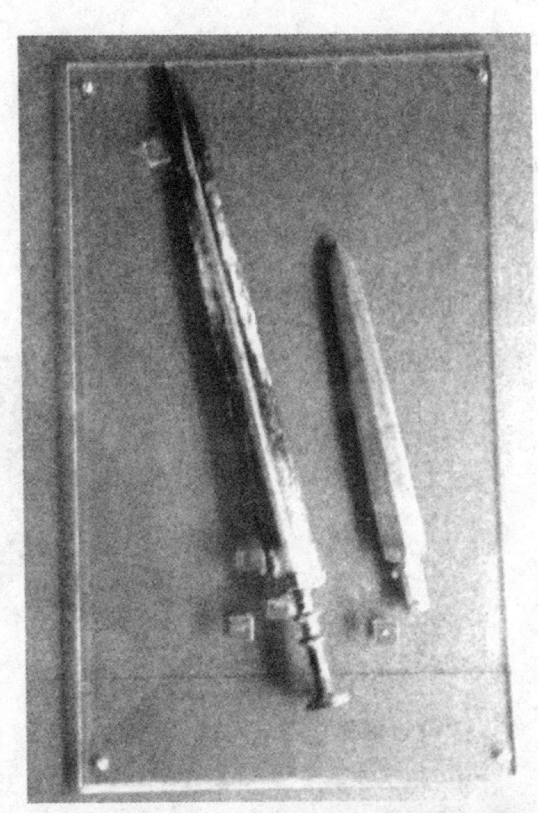

秦代兵器戟

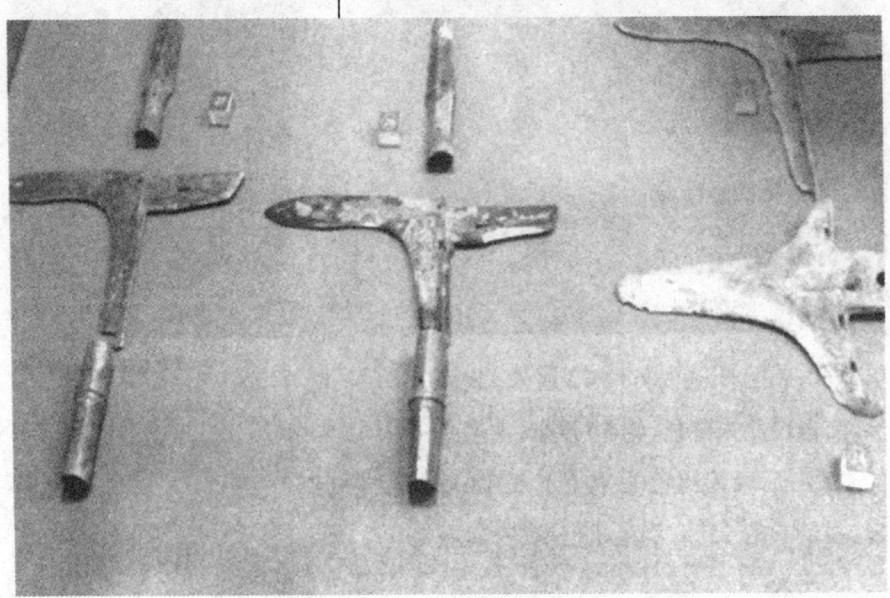

秦始皇陵

青铜车马

长兵器

兵马俑坑出土的还有长兵器矛、戈、戟、铍、殳、钺等六种。

兵马俑一号坑里，1974年试掘时出土了第一件铜殳头；1977年，试掘三号坑时，在左厢坑壁下靠着一捆带柄的"束殳"，整整有20支；铜殳头呈圆筒状，唯顶端作三棱锥体。外径2.5—3厘米，通长10.7厘米。

铜钺呈梯形楔状体，弧刃，两面微鼓，夹柄。钺长17.5厘米，刃宽12厘米，重2150克。兵马俑的殳和钺不锋利，是无刃的。那么，秦军是否用这种缺乏战斗效能的武器来装备呢？显然不是，从出土位置来看，殳和钺纯粹是礼仪性兵器，只是使用者身份和权力的象征物而已。

短兵器

近距离护体御敌的兵器称作"短兵器"，如匕首、剑、手刀、鞭、锏、棒、钩等。在秦陵兵马俑坑也出土有此类的短兵器，但是极其简单，仅见青铜长剑和金钩两种。

完整的铜剑有17柄，均出自一号坑东边的五个探方。残断的剑身及一些附件在三个坑中多有出土，计189件。窄、扁、

秦始皇陵出土的兵器

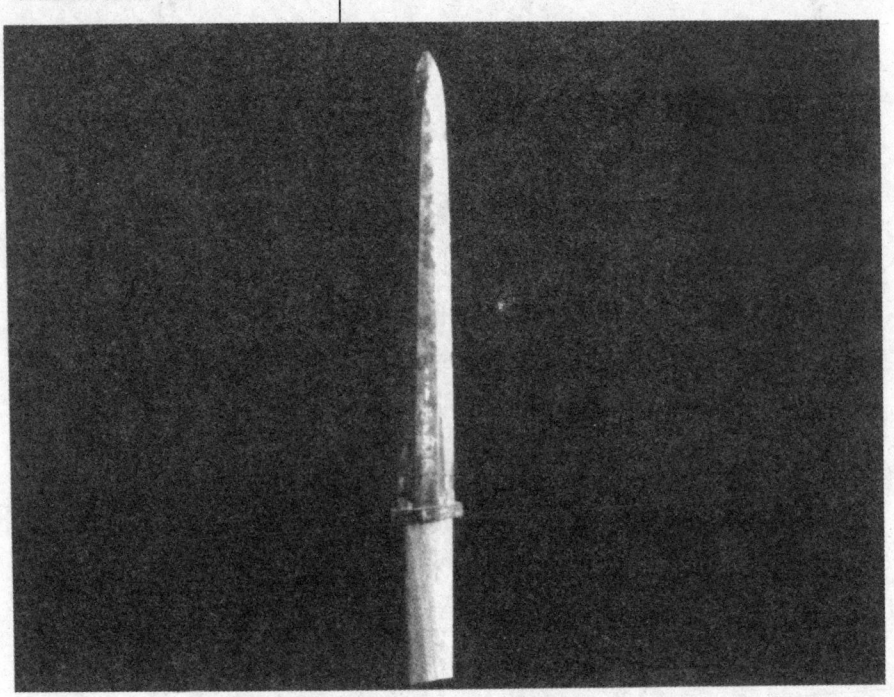

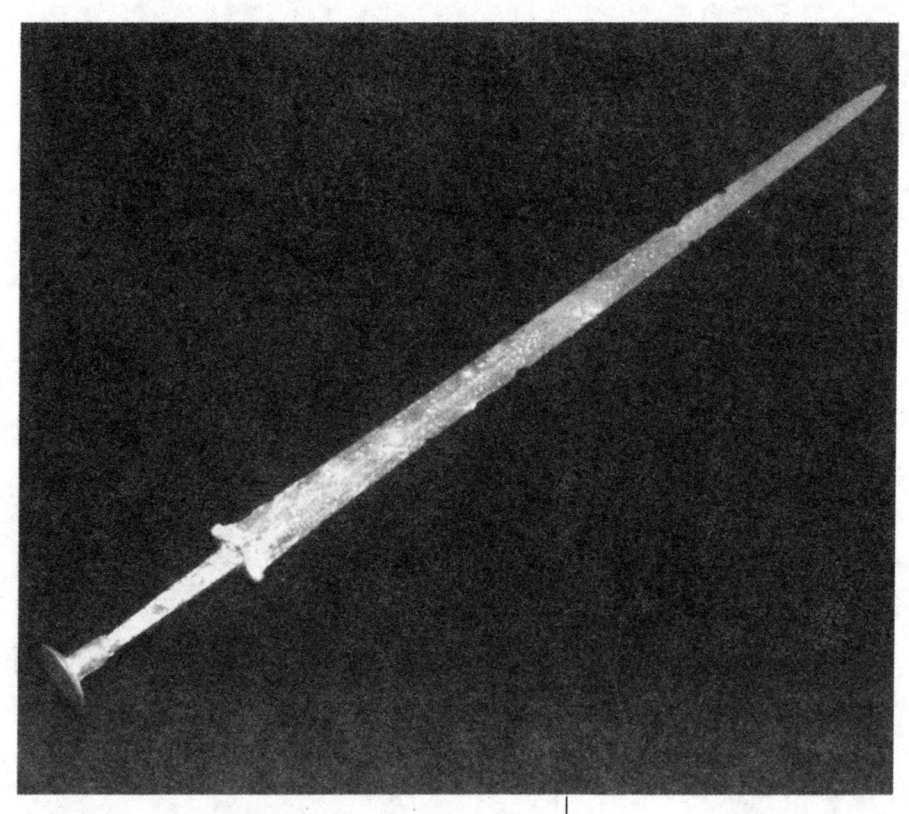

秦始皇陵出土的秦剑

长，是秦剑的外形特点。剑长大约83.1—94.2厘米。所谓金钩，实际是铜弯刀。此物在一号坑矩阵的前锋部仅见两把，形状、大小相同，通长71.2厘米，身宽2.2—3.5厘米，中心厚0.9厘米。它身、柄合体，系一次铸成，既方便握持，又牢固结实。但钩身弧度平缓，前端平齐，作为外推内钩的两刃并不锋利，显然不是实用的兵器。

（九）兵马俑的千人千面

众多的兵俑个性鲜明、栩栩如生，所

兵马俑千人千面，无一重复

有陶俑面目无一雷同，显示了秦代艺人高超的雕塑技术和写实技艺。

今天我们可以从秦俑面部看出喜、怒、哀、乐、思等多种表情，表现了人物的个性和复杂的内心世界。正如王朝闻先生所说："最吸引我们的主要不在于兵马俑数量之多和等身的形体，而在于那些士兵和军吏。处在同一地点，同一军阵，并有严格纪律约束的情况下，各有表情，各有风采，只要细看就能分辨出各个人物的个性，尤其是面貌方面显示的个性。"

秦俑的面形据说包括了中国传统的8

种面形。"目"字形脸,其特点是头形狭长;"国"字形脸,其特点是脸方稍长;"用"字形脸,其特点是额部方正,下巴颏宽大;"甲"字形脸,其特点是额部和颧骨处宽度接近,两颊肌肉显著内收,下巴颏尖窄;"田"字形脸,其特点是面形方正;"申"字形脸,其特点是颧骨处突出,额部较窄、下巴颏尖窄;"山"字形脸,其特点是额部较窄,两颊和下巴颏处宽;"蛋"形脸,其特点是额部宽,下巴颏尖窄,轮廓线如同蛋形。据统计,秦俑面部轮廓,以"目""甲""国"字形最多,"申"字和"由"字最少。这种现象和今天我们所见到的人的脸型情况大致一样,说

秦俑人

世界的奇迹——兵马俑

明秦代和现在人们的面部轮廓基本相同。秦俑的面貌也有美、丑、胖、瘦、年轻、年老、常见脸型和罕见脸型的区别。很多观众不由得感叹这么亲切自然的脸型,一下子拉近了自己和秦俑的距离,让人感觉到秦俑是活生生的人,并不是不会说话的泥人。

秦俑的发髻也很有意思,不但式样繁多,而且新潮前卫。秦俑的发髻有的低矮、有的高耸、有的位于头顶的左侧、有的位于头顶的右侧、有的偏前、有的靠后,形式多样,反映了个人不同的爱好,给人一种自由活泼、千变万化的感觉。但就发髻

秦俑发髻式样繁多

秦俑的胡须类型多样，以表现不同的人物性格

来看，有圆形发髻和扁形发髻之分。圆形发髻中有扎在左边的，也有扎在右边的，有盘一圈的，也有盘成两三圈的；扁形发髻有螺旋形、波浪形，花样十分繁多，让人不能不感叹秦代军人对自己头发的珍爱。还有一种发髻是先把头发分成四股，依次编梳后再盘接在头顶右边，形成圆形发髻。秦俑二号坑出土的跪射俑的发式大都属于这种类型。

孔子说："身体发肤，受之父母，不敢毁伤。"可见古代人对自己的须发十分注意。秦代人对胡须尤为重视，这可以从秦俑身上看到。秦俑的胡须有位于上唇的

秦俑在人物塑造上匠心独具，让人感到万千变化

八字须，位于下唇的山羊须，位于下颏及两腮的络腮须。每一种都有不同的类型，真是丰富多彩，从而有力地表现了不同的性格特征。如浓密的胡须表现了粗犷和豪放；细致工整的胡须表现了机灵和干练；用上翘式的胡须表现了精力饱满和性格活泼；胡角翻卷则表现了情绪奋发激昂；络腮大胡表现了神态威严；飘洒的长须表现了飘逸和老到。

总之，秦俑在人物塑造上匠心独运，又用多样的手法比较突出地表现了不同人物的不同神态和心态，让人感到千篇一律中的千变万化。

四 秦始皇陵与兵马俑未解之谜

秦始皇陵地宫至今仍然是迷雾重重

（一）秦始皇地宫之谜

如前所诉，司马迁在《史记》中对秦始皇陵的地宫有过描述。通过现代的考古资料与科技手段已对其中的有些描述进行了印证，比如地宫中有水银之说。但是民间的传说又使它显得迷雾重重。

有一个故事说，项羽入关后在挖掘秦陵时，突然有一群金雁从地宫中飞向天空。三国时吴国宝鼎元年（266年），张善在日南（今越南广治省广治河与甘露河合流区域）做太守时，有人把一只金雁献给他。张善根据金雁身上的铭文，推断是秦始皇陵内的陪葬品。据当时历史学家张文立先生推断，传说中精巧能飞的金雁出自秦始皇时代是可能的。因为在春秋时，著名工匠鲁班已经造出了能在天空中飞翔的木雁。至几百年后的秦始皇时代，工匠造出会飞的金雁该是可信的，但这金雁到底是否出自秦始皇陵地宫之内则无从考证。

另据民间传说，秦始皇还在地宫内设了可让活人同死人做生意的地市，进行经济贸易。至于这个集市的经济贸易如何进行，活人怎样在地宫中生存，又怎样与死人讨价还价，同样没有人说得清楚。

据《临潼史话》载：秦始皇驾崩后，胡亥怕众公子争夺自己的皇位，于是假

秦始皇陵兵马俑坑

秦始皇陵与兵马俑未解之谜

传始皇遗旨，让后宫妃嫔无子的殉葬。绝望的妃嫔有数人当场撞死在陵墓内，有的吓得昏死过去，尚有大半正慌乱无主之时，胡亥命工匠把地宫第一层宫门封闭，妃嫔均死于其内。当工匠把地宫之门封闭到最后一层时，为怕地宫秘密泄露，胡亥心生毒计，下令所有参加修建陵内地宫的工匠、刑徒到墓中看戏领赏。当工匠、刑徒云集地宫之际，军兵侍卫立即将最后一道地宫门封闭，工匠、刑徒又成为始皇帝的殉葬品。传说只有一青年工匠逃了出来，原来地宫内通向外面的水道是这位青年工匠亲手设计的，被封闭于地宫后，他悄悄潜入水道，慢

秦始皇陵出土的陪葬器物

秦始皇陵出土的铜马

慢地爬了出来……至于这青年工匠沿着怎样一条水道爬出地宫，出来后又去往何处，则无人知晓了。

(二) 秦始皇陵地宫被盗、被焚之谜

史书有多处记载秦始皇陵遭到盗掘和焚毁的。主要有项羽、牧羊童、石季龙等人在此进行破坏的记录。但记载最多的是项羽，如有"项羽烧秦宫室，掘始皇帝冢，私收其财物"，即项羽的军队火烧秦咸阳宫，又掘始皇陵，抢去陵中财物。又有"项羽入关发之，以三十万人三十日运物不能穷"，即项羽的军队三十万人在此盗掘一个月，仍未把宝物盗完。

盗始皇陵的人会是项羽吗？项羽是秦

秦始皇陵与兵马俑未解之谜

末农民起义军的一支,是楚国的后裔,进入关中后,烧杀掳掠,无所不为。火烧秦咸阳宫及周围宫殿,大火持续烧了三个月,使秦在关中的众多宫殿付之一炬。现在发现的秦代许多宫殿遗址,只能见到一些残迹。因为项羽对灭楚的头号人物秦始皇十分愤恨,所以秦始皇陵的浩劫也难以幸免。他焚烧秦始皇陵的建筑,但是否进入地宫,并且三十万人三十日运物不能穷,这就值得怀疑了。秦始皇陵中究竟有多少宝贝,竟能使三十万人三十日运物不能穷?何况项羽当时在关中的时间很短,又要和刘邦进行政治上

秦始皇塑像

秦始皇陵

和军事上的较量，当他的政治权力在未获得巩固之时，是无暇顾及这个的。而盗掘始皇陵绝不像用一把火烧秦陵建筑那样容易。秦始皇陵地宫深达50米左右，况且其地宫据考或用铜液浇灌，或用石头砌起，显然建筑要坚固得多。何况还有偌大的封土堆，地宫又是如此之大，不要说项羽要盗掘是何等困难，就是放在今天也不是件容易的事。

关于牧羊童失火烧毁地宫的说法，文书上记载说：牧童放羊时，羊钻入洞穴。放羊者打着火把找羊，而失火烧了地宫中的棺椁。这个记载显然是成问题的，因为

居庸关

牧羊失火之事发生在项羽之后，而刘邦执政建立西汉政权后，曾委派二十户人专门守护秦始皇陵，这些守陵人是奉皇帝命令而来的，一定会尽职尽责，不会发生类似的失职事故。何况这纯属是一个编造的故事，这么大的事情《史记》无片言只语，司马迁遍览皇家档案，石室金匮之书，若确有文字记载，司马迁是会把它录入《史记》中的。

石季龙是否盗掘过秦始皇陵地宫，据史书云：他"取铜柱铸以为器"。石季龙即石虎，是后赵的国君，其统治地区位于河南、河北一带，生活奢侈，但由于考古工作者迄今未见到铜柱之类的东西，故始

骊山秦始皇陵曾遭焚烧

皇陵地宫中也不一定有此类东西，所以，石季龙盗墓说也未能成立。

　　历代的史书中虽有秦始皇陵屡次被盗的记载，但也有不少的史书对这些记载持否定态度，认为不可信之。之所以会出现秦始皇陵屡次被盗掘的记载，是因为《史记》中有关秦陵地宫中金银财宝的描写及秦始皇生前奢侈的生活必然在地下王国有所表现，便引起了盗墓者的觊觎，也引起了人们的一些猜测。便出现了各种各样的附会。当然我们不排除历代确有许多人欲在此进行盗掘的事实，但从现在的情况来看，似乎都未成功。由于《史记》中记载：地宫门装有暗弩，一触即发，并埋有水银，这些东西对盗墓者是一个威胁。

　　秦始皇陵是否被盗，目前有多种猜测，如果有朝一日被发掘，真相会大白于天下。但是不管盗与未盗，其地宫的发掘都是会震惊世界的。

秦始皇陵陶俑

（三）秦俑烧制之谜

　　这样巨大的陶俑是怎样烧制的？至今还是一个谜。秦以前和以后，都烧过陶俑，但形体都很小，从来没见过这么大的俑。20世纪70年代末，有人曾经仿制过像秦俑这么大的陶俑，好几个人精心制作了几

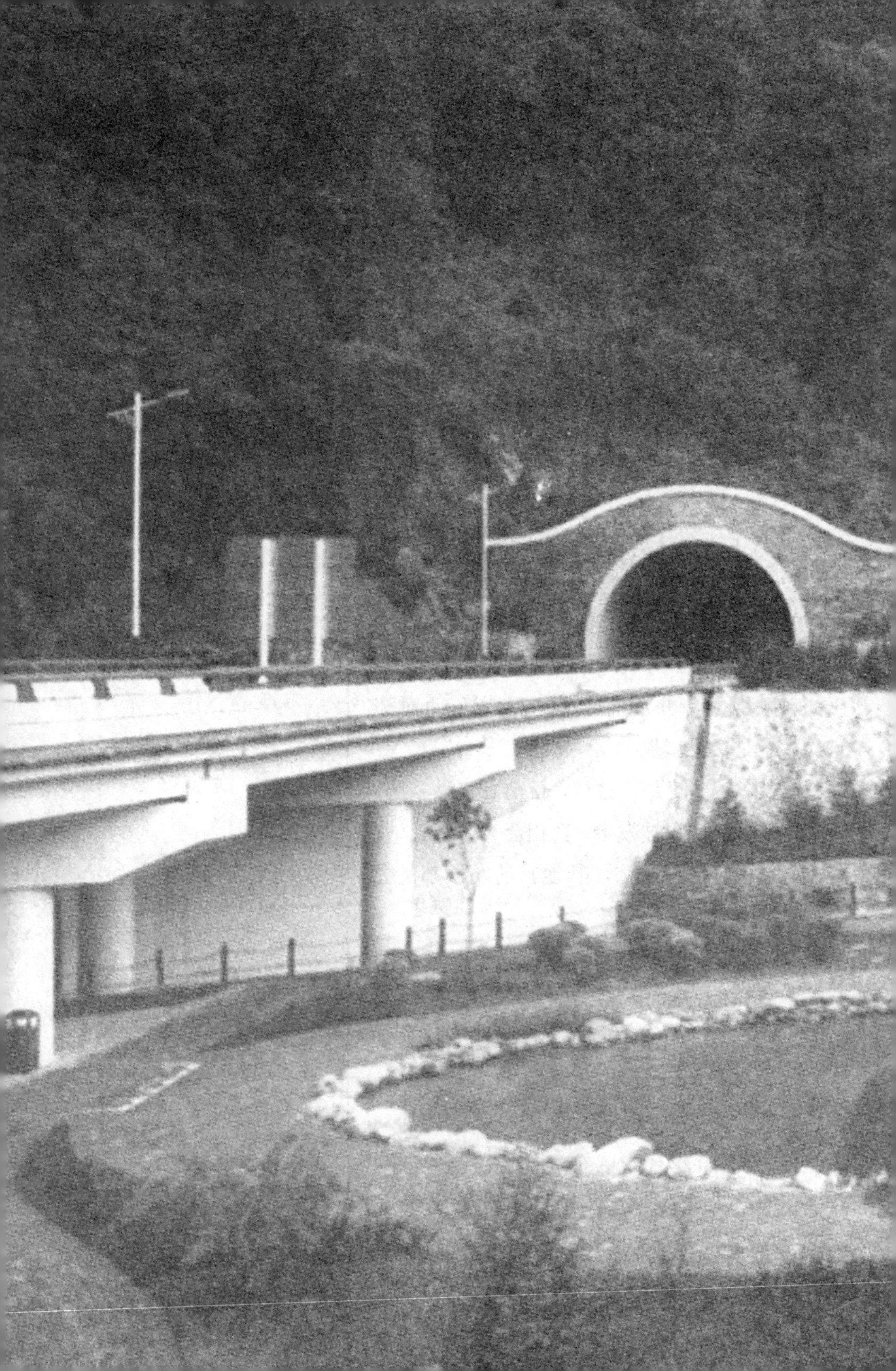

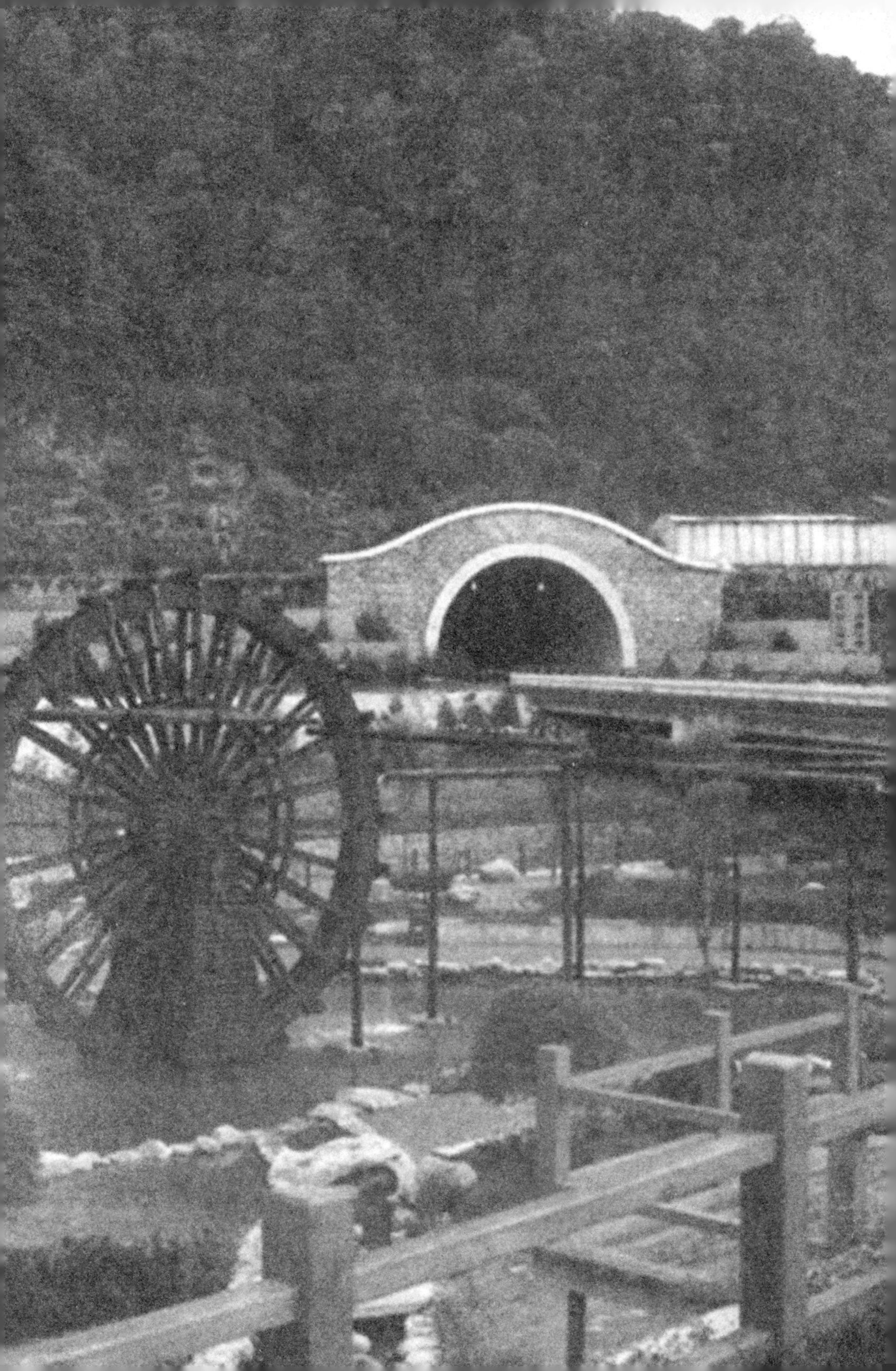

个月才烧成一件,但原大的陶马至今也没有烧成一件。

秦俑坑中出土的陶俑,质地坚硬如青石,表面颜色青灰,火候均匀,轻轻敲击陶俑,就会发出清亮铿锵的声音。这样精良的陶俑,是我国制陶技术成熟的标志。看到这些与真人大小相近的陶俑。人们不禁要问:在当时那种原始条件下,它是怎样烧制成的?这确实是一个难解的谜。

(四)秦俑坑兵器不朽之谜

秦俑坑中出土的青铜兵器剑、镞、矛、镦、殳表面光洁鲜亮,颜色深灰。经过各种方法检验可知,他们的表面有一层

秦始皇陵出土的兵器

含铬化合物的氧化层，起着良好的防锈作用。这层氧化膜厚约 10—15 微米，含铬 1%—2%。俑坑中出土的青铜器上普遍存在着这种情况，说明它不是偶然因素造成的，而是当时有意识地进行了一次工艺过程后形成的。这一发现，已经引起了世界有关学者的关注。因为它表明我国在两千年前已经成功地掌握了用铬盐氧化物保护金属的工艺。这可能是当时生产条件下的一项特殊工艺。人们经过分析得出结论：这是把剑、镞等放在重铬酸钾溶液或水溶液中浸煮过的结果。直到 20 世纪 30 年代，德国才开始研究这一技术，而我国早在秦始皇时代

居庸关长城也是秦始皇派人修建的

石俑

就已发明了类似的工艺,这是世界冶金史上的奇迹。

秦代这一工艺的具体方法,今天已不得而知,但根据模拟性的实验,用铬矿石的火硝在空气的参与下,经过800—1000℃的焙烧,可浸出制成铬酸盐或重铬酸盐。再将重铬酸盐加温到400℃左右,使其液化,涂到青铜剑、镞的表面,即可形成一层灰色的铬盐氧化层,具有良好的防腐蚀功能。

（五）秦俑坑焚毁之谜

秦俑坑是怎样焚毁的？又是萦绕在人们心头的疑问。当观众参观秦俑坑时，一定会发现俑坑土隔梁上那一块块、一堆堆的木炭遗迹，这是秦俑坑遭受焚烧的历史见证。试掘表明，一号秦俑坑几乎全部被火烧过，二号俑坑一部分被火烧过，还有一部分则属于自然塌陷。说到这里，大家一定会问：秦俑坑是什么时候出于什么原因被火焚烧的？它又是谁焚毁的呢？

有人从俑坑被火焚烧后塌陷这一点出发，认定这是由于俑坑内的沼气而引起自焚。但是，我们知道，沼气产生的首要条件是要具备产生沼气的杂物和水，同时还要有起化学反应的相对时间。经过试掘表明，俑坑内没有发现杂物堆积的现象，亦未见大量腐植物，坑内虽有泥沙，但土质纯净，不具备产生沼气的条件，而且俑坑建成与焚毁之间时间并不长。这样看来，俑坑客观上不具备产生沼气的可能，此说证据尚嫌不足。

一种观点认为：秦始皇帝陵园内有关陪葬坑和一、二、三号兵马俑坑焚毁

秦俑三号坑曾遭到大规模的洗劫

秦始皇陵与兵马俑未解之谜

秦始皇战车塑像

的真正原因，应是秦始皇下葬时的一种自焚的葬仪形式。它是采用历史上祭天柴的方式，也就是说对埋葬时的祭品，都要采取火烧的葬仪。如果此说成立，那么所有的陪葬坑都采取同样的自焚方式。然而事实上许多陪葬坑并没有焚毁，如三号兵马俑坑、铜车马坑均属于木建筑自然腐朽后塌陷的。此说亦难以自圆其说。

有学者研究指出，秦俑坑可能是在秦朝末年被项羽焚毁的，从而推断俑坑被焚毁、破坏的时间是在秦末重大政治变动时期。此说虽无明文记载，仅仅是

一种推测而已，但其可能性却是存在的。首先，从时间上推算以及从俑坑残留的灰烬和炭迹等现象看，这种说法比较可信。秦始皇陵是否被项羽挖掘过，目前还难以验证，但陵园内大片的地面建筑被焚毁却是事实。其次，秦俑坑距秦始皇陵仅1500米，它同时与之被焚亦是可能的。最后，一、三号俑坑均遭到大规模的洗劫，这绝非少数人所为，定与当时一定的政治事变有关。

秦俑坑焚毁的原因还需进一步研究和论证。相信不久，人们一定会得到满意的答案。

秦俑坑焚毁的原因需要进一步研究、论证

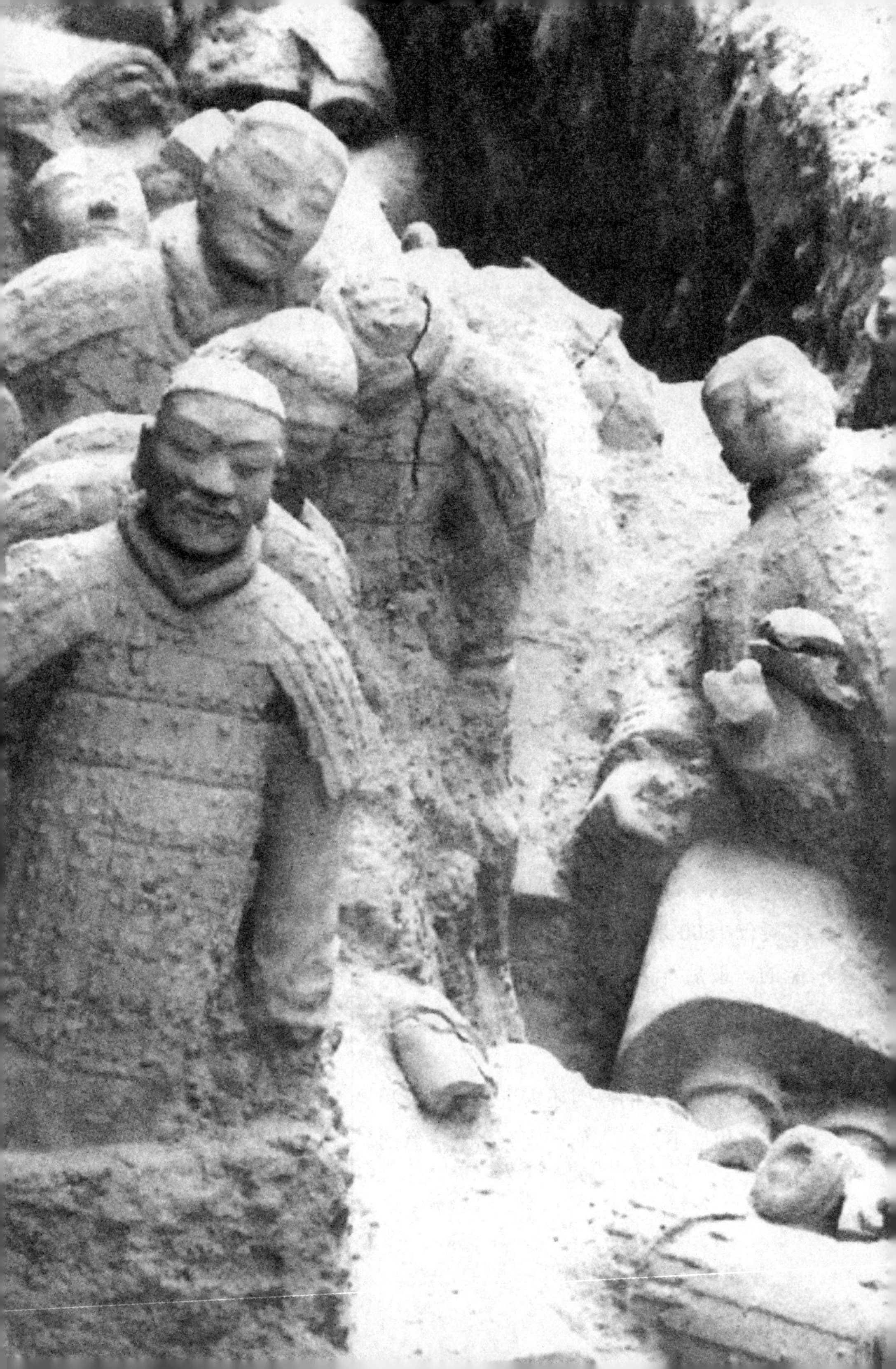

五 对秦始皇陵和兵马俑的评价

秦始皇陵的恢弘与壮丽是"前无古人，后无来者"的历史创举，其陵园的布局也巧妙地利用了自然环境，把陵与山、水结合，三者浑然一体，同时把墓冢及城垣等重点设施放在最高的土塬上，其他附属设施放在较低的土塬上，以自然河道分隔，使主从关系非常清晰。城垣的设计也随形就势，呈长条形，与地形、地貌协调一致。总体布局上，不求绝对的均衡，而是利用地形的高低起伏，把主次不同的陵园设施随着自然的地形、地貌展开。秦始皇陵同自然环境和谐一致，融为一体，为后世陵园的典范。

秦始皇陵出土的兵马俑，让世界为之

秦始皇陵出土的兵马俑让世界为之震惊

秦俑塑造了多种性格人物的形象

秦俑向人们展示了秦朝恢弘的军队建制

对秦始皇陵和兵马俑的评价

秦俑的发现被誉为世界第八大奇迹

震惊。它向人们展现了秦朝恢弘的军队建制，其埋藏的文物之丰富为世人所赞叹。三坑计有战车百余乘，陶马600余件，各类陶俑近8000件以及大量的实用兵器。陶俑、陶马是按当时的军阵来编组的。车马和陶俑的制作，形象逼真，对研究秦的军事装备、编制和军阵的编列，提供了形象的实物资料。秦俑生动地塑造了多种具有一定性格特征的人物形象，其风格浑厚、洗练，富有感人的艺术魅力。秦俑这一古代文明的伟大奇观的发现，为世人所瞩目，被誉为"世界第八大奇迹"。